大久保利通の肖像

その生と死をめぐって

横田庄一郎

朔北社

大久保利通の肖像　その生と死をめぐって

目次

大久保利通の肖像

その生と死をめぐって

横田　庄一郎

はじめに

数々の誤解とさらには中傷の中でも、この男は現代にまで生き続けている。本人はもちろん言い訳はしない。生存中からそんなことをする時間もなく、働き続けた。いや、仮りに時間があったとしても言い訳や弁解をする男ではない。

後世のわれわれが歴史を振り返るとき、何か手頃なエピソードがあれば、その人となりをイメージしやすい。そうしたエピソードがいくつかあれば、小説になり、ドラマになる。現代はテレビドラマや映画を通じて歴史上の人物に出会うのだが、この男は幕末維新の歴史ドラマには必ず登場する。しかし、たまに主役となることはあっても、その多くは脇役的な存在である。脇役ではない。脇役になるには、その存在が大き過ぎる。だから陰の主役であったり、黒幕の大物だったりして描かれる。それほどの人物なのである。

日本の近代史は大久保利通の存在によって大転換した。その転換期に果たした役割を追っていくと、派手な立ち回りや個人的な武勇伝ではなく、あの大きな時代のうねりの中で、まるでクルクル回る独楽が回転すればするほど安定する軸のような存在だった。実際に大久保のキャラクターも興奮すればするほど、怒れば怒るほど冷静になっていく。

必要とあれば十分に雄弁になることもできるが、ふだんは寡黙である。他人の話はよく聞いて、いったんこうと決めればぶれない。そして最善がかなわなければ次善、それも難しければ三善、四善でも前へ進む。あきらめるということは知らないようである。

明治維新は、その革命の主体となった武士階級自体を否定した。富国強兵、殖産興業を進めることで、農民、商人、職人もみんなが兵士になり、税金を負担しなければならない。兵士だった士族も自ら働き、生産しなければならない。

そうした明治初年の混乱から有司専制に導いた時代を象徴する人物が、あの幕末の志士大久保一蔵こと、内務卿大久保利通なのである。最後の将軍となった徳川慶喜から「匹夫」と呼ばれた下級武士が官のトップにまでなった。成り上がりである。上は大名から、下は同じ下級武士、いや平民に至るまで面白いはずがない。

しかも彼によって打ち倒されたのは、徳川慶喜だけではなく、新政府でともに働いた江藤新平、そして竹馬の友であり、誰よりも信頼する西郷隆盛……。彼らの側から書かれたものには、大久保は憎々しげな策謀家、権力亡者として描かれる。そこまでいかなくても、ほんとうの人間像が知られていないことから、勝手なイメージが作られていく。

たとえば先年、テレビの大河ドラマで坂本龍馬が主人公になっていた。このドラマの中に出てくる大久保は、龍馬のことを目障りで面白くない存在と思っているようで、刀を振り回したり、龍馬暗殺の黒幕のような扱いをされたりしている。しかし、実際はまったく違う。史料を追うと、二人は親しく、龍馬は大久保という存在に敬意を払っている。

のちに『近世日本国民史』を書いた徳富猪一郎は、その父一敬が横井小楠のところに出入りしていたことを覚えていた。そこへ坂本龍馬が薩摩から熊本にやって来たときの話に、大久保一蔵が出てくる。ここでは、その弟健次郎が書いた話を引用したい。『徳富蘆花集 第二巻』に収録された「青山白雲」である。

家嚴の話に「坂本龍馬が先生を沼山津に尋ねて來たことがあつた。丁度自分も居合はして其話を聞いて居たのである。坂本は其時薩摩から歸りがけと云つたが、今思へば薩長連合に骨折る最中であつたので、坂本は白の琉球絣の單衣に鍔細の大小をさし、色の眞黒い大男で至てゆつたりと物言ふ人であつた。衣服大小皆大久保の呉れたものとか云つて居た」。

龍馬が薩摩に逃れていたときに、西郷との交遊は有名な話である。西郷といえば、大久保である。大久保とも親しく付き合っていなければ、衣服や刀はくれるはずがない。白の琉球絣とは上等であり、鍔細の大小とは薩摩の示現流で使うものである。「先生」とはこのとき沼山津村に謹慎していた横井小楠のこと、家厳とは自分の父親のことだから、徳富一敬のことを指す。龍馬が来たときに一敬も同席していた。

「肴酒が出て人物論が始まつた。客も主人も大分興に入られた様子で、大久保は云々、西郷は云々、誰は云々。其時先生は盃右手にとつて『乃公は如何だ』。坂本は莞爾と笑つてゆる〳〵と『先生ァまあ二階に御座つて、奇麗な女共に酌でもさして、酒をあがつて西郷や大久保共がする芝居を見物なさるがよう厶る。大久保共が行きつまつたりしますと、其時ァちよいと指圖をしてやつて下さるとよう厶ひませう』。先生は阿々と笑つて頷かれた」

まあ、こんな具合である。いかにも幕末の豪傑話のようであるが、そこには「大久保は云々、西郷は云々、誰は云々」と薩摩の人物月旦が繰り広げられている。小楠は自分はどうだ、と龍馬に聞いた。すると、彼らの「芝居」を見物していて、行き詰ったときにアドバイスをしたらいいでしょう、との答えに小楠も満足気である。

こういったエピソードは芝居やドラマではまず見たことがない。要するに知られていないのである。知れば知るほど、つまり大久保に対する評価をいう以前に、大久保はあまりにも世間には知られていない人物である、と思う。もともと取っ付きのよさそうにない人物であることに加え、彼の膨大な史料に取り組むだけでも大変な時間がかかる。それである程度の見切りで大久保像に迫っても、あとから〝不都合な真実〟が出てくることがたびたびある。

歴史上の人間には〈公〉と〈私〉があるのだが、大久保に関しては〈公〉だけでも大変なのに、とても〈私〉までにはいきつかない。〈公〉についての本は明治時代からは数々出ており、それらによって世間でもかたい人物と見られることにもなる。しかし大久保の〈私〉も、けっこうおもしろい。〈公〉は専門書に任せるとして、本書は〈私〉を中心に人物を追ってみたい。また、可能な限り出典を示して、史実は史実、解釈は解釈、論は論として書いていく。そこから大久保利通の人間像に新たな光をあてることができれば、何よりである。

なお引用する史料はそれぞれに明記しているが、原則として、原文のニュアンスを生かすために現代文に書きかえてはいない。そこでおおよその文意を引用文のあとに書き添えた。文責は、筆者にある。また大久保の日記や書簡は、いうまでもなく刊行された『大久保利通日記』一・二、『大久保利通文書』全十巻に基づいている。

第一章　大久保利通の肖像

一　思い出スケッチ

凶刃に倒れた大久保内務卿を偲んで、その翌年、一枚のスケッチが描かれた。「明治の宮廷画家」といわれる五姓田義松に内務省が注文したものである。現在は神奈川県立歴史博物館の所蔵となっており、興味深いのは鉛筆で描かれたスケッチの余白に容貌の特徴が細かく文字で記載されていることである。

文学ファンなら芥川龍之介が友人の内田百閒の顔をスケッチした、あの絵を思い出していただけば、それと同じ趣向だといってもいい。龍之介は画才もまたなかなか鋭く、一目で百閒とわかる顔をとらえており、さらに記された注釈も「コノ目マタタカズ」と容赦ない。

この大久保利通像はさすがに龍之介のいたずら書きとは異なって、画家の丁寧なスケッチになっている。しかし、相貌について随所に書き込みが記されている点では変わらない。

書き込みは、たとえば「前頂骨直立上ニ至テ稍々傾ク」「眼少ク穏ニシ其中ニ鋭キ所」などと記されている。こうして絵を見て文を追っていくうちに、これまで知られていた大久保の厳めしい写真よりも、素顔が見えてくるようではないか。

作者の五姓田は果たして、生前の内務卿を間近に観察する機会があったのだろうか。このあたりは残された文献からではうかがうことはできない。しかし、宮廷や政府に出入りした彼の立場から、まったく大久保を見ずに描いたとは考えられない。たとえ廊下ですれ違ったり、遠くから望んだりしても、その人物の何かを瞬時に把握したであろうことは想像に難くない。

それに、この注釈は本人ではなく、かつて大久保に仕えた腹心の部下であった前島密の指摘によるものだ。スケッチの書き込みの冒頭には「前島君ノ説」と記されている。『明治の宮廷画家―五姓田義松』（昭和六十一年、神奈川県立博物館）から、前後の事情がうかがえる。

同書の解説では、五姓田義松は父親五姓田芳柳について明治政府に出入りしており、明治十二年から始まった北陸・東海巡幸の御付画家として多くの作品を残した。ただし、その多くが不明であり、御物でもあることから、詳しいことは分からないが、この大久保のスケッチに見られるように、克明で事実に忠実な作風であったことは確かなようである。

義松は明治十二年の秋に内務省から大久保の肖像画を依頼され、着手した。同年、彼が内務省会計局に出した手紙には潤筆料四百円のうち二百円を前借りし、フランス留学の資金にしたいとの意思を伝えている。そして大久保の肖像画は帰朝後に完成させるとのこと。この虫のいい申し出に父親の芳柳は苦言を呈したという。

明治十三年五月の五姓田の日記を見ると、

十日　雨天　後一時ヨリ内務省へ出頭　故大久保御像ヲ納ムル　縦四尺五寸横四尺三時過ニ退出ス

十一日　晴　外務省ヨリ内務省へ出頭　大久保公肖像額面取附方談話シ後四時退出ス

とあるので、肖像画は完成したようではある。ともかく、このスケッチはその肖像画の下絵として明治十二年暮れに描かれたことが書き込みからわかる。縦二七・六センチ、横一七・六センチの紙の鉛筆画である。画家にとってはほんの下書きだったのだろうが、それがかえって後世には大久保の容貌を絵と文で伝えることになった。

残された記録から推察すると、五姓田がまず下書きをし、それを見て前島がいろいろと注文を付けたようだ。明治十二年十月二十七日に、前島が五姓田に送った手紙がある。

「大久保内務卿之写精尚深ク熟覧候処最初御認之二枚ハ其後御認之分ヨリモ反テ宜敷小生ノミナラス他之鑑定者も皆右様ニ評定致し候其二枚之内朱ニ而裏面へ△印ヲ附ケタル分ハ余リ笑ヲ含ミ柔和ニ過クルニ付朱ニ而□印ヲ附ケタル方ヲ本トスヘキニ決定致し候」

すなわちスケッチは最初に描いた二枚のほうが、そのあとに描いたものより、かえって良いという。その二枚のうち、△を付けたものは大久保が笑みを含んで柔和に過ぎ、□をつけたほうが採用となった。こうして五姓田は生前の実像に少しずつ迫っていくはずだったのだが、いまのところ残っているのは注釈つきの、つまりは未完のこの下絵だけである。

さて、その絵と注釈から甦る大久保利通の顔貌は、明治の元勲などという厳めしい歴史上の肩書きを忘れさせてくれるかのような若々しさではないか。そのはずである。このときの大久保は四十六歳との記載があり、決して老人の顔ではない。壮年期である。それも青年の面影さえどこかに残しているとまで言うのは言い過ぎだろうか。

このスケッチを筆者が初めて見たときの印象は、まことに個人的なことになって申し訳がないのだが、「あっ、大久保さん」というものであった。

この大久保さんとは、「利通さん」ではなく、「真紀さん」という。実は小学校の同級生、大久保真紀さんを突然に思い出してしまった。家も近かった、その同級生は女子としては背が高く、背筋がぴんと伸びていた。その顔は、五姓田のスケッチのように長顔で色白だった。当時、担任の先生が「オオクボトシミチノシソン」と言ったようなあいまいな記憶がある。

これが筆者にとって大久保利通との最初の出会いだったように思う。半世紀以上も前のことなので、また小学校一、二年生のときの記憶なのであり、まことにおぼろげである。近年開かれたクラス会でも本人は欠席だったし、級友たちに聞いても大久保の子孫かどうか、はっきりしない怪しい記憶である。

しかしながら、このスケッチのほかの肖像画では絵自体にも「維新の三傑」「明治の元勲」「有司専制の内務卿」といった肩書き付きで描かれているようで、「オオクボサン」を思い出すようなことはなかった。この五姓田のスケッチだけが、もう忘れかけていた古い記憶を呼び覚ますこととなってしまった。

目がそっくりだ。顔のかたちがそっくりだ。女の子だったから、もちろん髯はないが、この絵から受ける、その人の印象が驚くほど近い。現代のわれわれの年代では、玄孫か曾孫なのだが、先祖の面影は他人から見ると驚くほど残っているものである。

フィギュアスケートの織田信成選手は、遠い先祖のあの信長にどことなく似ているではないか。長顔である。翻訳家の徳川家広さんは、決して長顔ではない。どこかでお目にかかったことがあったが、ご先祖の家康と同じ丸顔であった。四百年以上前の戦国武将とは違って、大久保利通は百数十年前の人物だから、ずっと血は近い。

そういえば、大久保の盟友だった西郷隆盛の曾孫で、鹿児島の地元にいる陶芸家の隆文さんはやはり〝西郷顔〟である。これらをひっくるめて大雑把ではあるが、〝一族顔〟というのは確かにあるではないか。

大久保の全身像がある。山口蓬春の岩倉使節団を描いた「岩倉大使欧米派遣」で岩倉具視、木戸孝允とともに、ランチには三人が並んでいる。真ん中の岩倉は短躯であるが、両脇の副使二人は大きい。向って右側は木戸、五尺八寸。左側の大久保は木戸よりも背が高く、五尺九寸。すなわち大久保は長身の大男である。しかし肥満ではなく、スラリとしている。これを大隈重信に語らせると、このようになる（佐々木克監修『大久保利通』）。

「とにかく大久保は偉かった。第一その人物骨格が見るから偉人たることを証明していた。非常に威望があった。一見して人を圧するような容貌であった。それに身躯の権衡が十分に取れていて、すこぶる達者らしいし、西郷のような不細工な身躯でなかった。この骨格、躰躯、容貌、これらは大久保に非常な光彩ともなり、特徴ともなっていた」

西郷が後世までの人気者となっている理由の一つである、あの身体的な特徴が何と「不細工」と言われてしまっている。西郷ファンなら怒りそうなところである。が、ここではまあ大久保の体型は決して肥満ではないといっておくが、西郷のような愛嬌は、まったくない。前掲書で陸軍軍医総監の佐藤進がよく観察している。

「公の風丰は他諸君の談話にも尽くされてある如く、眼光炯々として鋭く輝き、頬より頤にかけて漆黒なる髯を厳しく垂れ、一見人をして覚えずその権威に畏敬の念を懐かしめ、加之寡言沈黙いやしくも口を開かざるため、善く言えばますますその権威が加わり、悪口をするとなおなお窮屈と畏怖が増すのであった」

しかし、こんな大久保が怖くなかった竹馬の友西郷との仲をうかがわせる話がある。洋服はサイズが違っては着られないが、和服は丈が変わらなければ融通が利く。それで大久保の次男牧野伸顕は「西郷は身なりを構わない人で、御承知のような薩摩飛白の筒袖を着て平気だったが、それでも船宿などに行く時には気になったと見えて、私の父の衣服に着換えた。大久保は背が高く、西郷は太っていたので間に合ったのであろう」と自らの『回顧録』に書いている。

大久保はまた身繕いも入念であった。というのは禿があったから、というのは田辺連舟（太一）である。「公の頭の天辺には大きな禿があった。ちょっと左の方へ寄った所だったから、髪の毛を長くしてそれを七分三分くらいに分けて、奇麗になでつけて禿を隠されたものだ。床から起きると、まず鏡に向かって髪の始末にかかられるといったふうで、洋服でも鏡の前でキチンと着けて、それから人に逢われたものだ」（前掲『大久保利通』）と何ともきっちりしている。

それだけではなく、自分を鏡に映しているところなど、あの威厳ある内務卿はけっこう演じられたところがあるのだろうか。もっとも大久保は若いころから、きちんとした身なりと礼儀正しい態度を身につけていたから、内面あっての外見である。

若いといっても御小納戸に昇進してからの習慣だが、前掲書には妹たちが「お側役に昇進してからは、万事に物堅く律儀であった公は、毎日殿様のお側へまいらねばならぬからと言って、朝風呂へ入られた。これから習慣になって、毎朝風呂へ入られるようになられた」と話している。名前もそれまでの正助から、「殿様から頂戴した」一蔵という名になった。

また田辺が指摘していた大久保の〝ハゲ隠し〟は、必ずしもハゲだけが理由ではなかったようだ。妹たちの証言は続く。「朝風呂へ入って身体を清浄にし、それから衣冠を正しくされる。いくら朝早く来客があっても、整然と袴を着けねば誰にも逢われなかった。髪も奇麗にされた。たとい始終来る目下のものにでも、この身仕舞いができねば逢うことはされなかった」。

こういう話を知らないと、〝大久保のハゲ隠し〟は独り歩きしそうである。

ついでに武術の心得にも言及されているので、念のために拾っておこう。「武術の方は深い素養もなかったが、郷中の頃に示現流の剣術をやった。示現流というのは鹿児島の外にはない流儀で、木の棒でやったものだ。東郷という師範家があって、それが教えた。柔術も十七、八の頃まで海老原先生というのに従って習った。体が弱かったので止めてしまった」。

「公は格別これという病気はなかったが、身体は強い方ではなかった。十七、八の時にちょっと患ってからは、始終強壮とまではゆかなかった。喘息が持病であった。それに痔もあった。痔疾では西南戦争の前年も難儀をされた。小さい時から痩せた方で、十七、八の時には、殊に痩せておられた。胃病もあったらしい」

大久保の食生活は、けっこううるさい。妹たちが言うには、薩摩特有の鹿児島鮨が好きで、自分で五目ずしを作って食べることもあった。おそばも好んで食べた。しかし第一の好物は漬物で、前へずらっと並べ、あちこちと箸を着けて食べる。数が多くないと気に入らない。冬になると、猪の汁を好んで食べた。イカの三杯酢もいい。全体にあっさりしたものが好みで、冬には蕪などを三杯酢にして食べた。

もともと酒よりも甘いものが好きだったが、維新後は「鶏卵に砂糖とブランをまぜたものを少量ずつ」毎朝飲んだという。これは妙な、何かおかしくないか。新聞連載をまとめた松原致遠編『大久保利通』では「牛乳に鶏卵に砂糖とブランをまぜたものを洋盃一杯づゝ」となっている。佐々木克監修『大久保利通』が現代文風に手を入れて書き直したときに、こうした間違いが生じてしまったのだろう。これだから史料の書き直しは恐ろしい。

朝食はパンである。その後に濃い茶を飲み、やはり、いろいろの漬物を並べて食べる。何とも妙な和洋折衷である。現代ではホテルのバイキングで、大久保と同じような和洋組み合わせを再現しようと思えばできる。が、正直なところ、あまり試したくない朝食である。

漬物とともにお茶の好みは長かった京都暮らしの影響だろうか。「お茶も随分好みがあった方で、これも贅沢と言えば贅沢、京都の玉露に限っていた。たくさん入れさして、その中へ熱い湯をシュッとさして湯呑みへ注いで飲む。どんな味だろうと他のものが取って喫んでみると苦いものであった」。現代人ならコーヒーの濃いブラックといったところか。

大久保はアメリカやヨーロッパでコーヒーは飲まなかったはずがないのだが、コーヒーは嗜好品として出てこない。木戸孝允は東京へ出てきて早々に築地でコーヒーセットを買ったと日記に書いているのに、まあ、このあたりは名の通りの嗜好品だから、個人の好みである。

嗜好品なら、大久保にとっての第一はタバコだろう。大久保が乗った汽車の車内は煙でもうもうとして霞むほどだった。黙ってタバコを吸って、他人の話を聞くのが流儀である。

「煙草の好みは随分八釜しかった。これはおれの唯一の贅沢だと言っておられたが、買わせられるものが一番迷惑した。普通のものでは少しも気に入らなかった」

タバコは何でも吸えればいいというものではない。愛煙家にはこだわりがあって、好みの銘柄があるものである。大久保は「そしてまた、非常に多量に用いられたもので、なにしろ昼の煙管と夜の煙管と別々にしてあるくらいであった。それを毎日毎日キチンキチンと掃除をしておかぬと八釜しいので、一日でも掃除を怠ると、煙脂で煙脂で吸えなかった」。

岩倉使節団で外遊中は煙管ではなく、葉巻を吸っていた。久米邦武が前掲書で語るには、「なにしろ大久保さんは無口な人で、瀛車の中でも始終煙草ばかり吹かしていた。馬車に乗って見物する時でも、皆が珍しがって何とか彼とか言っても大久保さんは葉巻煙草をプカプカと吹かして黙っていた。大久保さんの煙草のみは非常なもので、大久保さんが瀛車におると、外から戸を開けて這入った時、煙が濛々としているくらいだった」という具合である。

時代が変わって、現代の嫌煙権の世の中なら大久保は生きていけないかもしれない。したがって、そんな煙たい第二の大久保も出てこないだろう。つい、そんなことを考えてしまったが、以上が外見と嗜好のエピソードから見た大久保利通という人物像のだいたいのスケッチである。

二　ピンクの手紙

大久保利通は、見方によって、実にさまざまな顔がある。現代までも続く反対勢力には魔王か、いや大魔王か。少なくともその表情は常に平静で冷徹、ひとしずくの涙も見せず、笑いもせずに何が面白くて人生を生きていたのか。政治家としての公けの人となりは、エピソードがたくさんある。それは措いて、政治家としてどう評価するかは歴史学者の〝ああだこうだ〟より、作家松本清張の『史観宰相論』がズバリと切りこんでいる。

「大久保は明治全期を通じての大宰相であり大政治家だった。伊藤も大隈重信も山県有朋も、大久保の各々の面を継承している。伊藤は内政と外交に、初期の大隈は財政に、山県は軍隊と警察に、大久保路線のそれぞれを分担し実践した」と、大づかみで明確な記述である。伊藤とはもちろん、初代総理大臣伊藤博文である。続いて「この伊藤と山県によって明治権力史が代表されるが、とくに長生きした山県が陸軍を支配し、警察を握り、枢密院と貴族院を掌握した。大久保路線は彼が横死した明治十一年以後八十年近くつづいた」。

この松本清張の宰相論は第一章の、それも三三頁で早々と結論を出してしまっている（ちくま文庫)。すなわち「日本の宰相像はすべて大久保に発していると思う。大久保から歴代の宰相が延長していると思う。したがって、あとの宰相は名前だけを挙げればいいようなものである」。これを読めば、その続きを読む気力は萎える。

こう言われてみると、現代のわれわれにまで大久保の路線は及んでいるようではないか。しかし、このことについては多く論じられているから、本書ではそれらに譲って、大久保の公けではない、公人ではない私人として私生活で家族や竹馬の友に見せる素顔を追ってみたい。実際、公人の大久保から想像もできない顔があるようである。

一般に不人気とはいえ、歴史上の人物であるから数々のエピソードが語られている。しかし、表題の「ピンクの手紙」とは何か。艶話ではなく、身内で語り継がれていることなのだが、案外と知られていない。

大久保利通は現代でも生きた人間のように語られ、あちらこちらに出没している。歴史や政治以外の場面で、思わぬところで出会う。もちろん書籍の中でのことである。

あるとき『遺品　逸品』という文庫本を何気なく開いた。ここに大久保利通の項があり、曾孫の利泰氏が書いている。利通にまつわる「とっておきの話」となると、没後百年以上たち、身内の間に語り伝えられていることもほとんどなくなってしまった、と。たしかに次のような記述以外はだいたい知られていることだった。

利通が日常身の回りに置いていたもののなかには、心の安らぎを求めたのであろうか、ものやわらかで優しい色と形のものが多い。妻や子供たちへの手紙も、うすいブルーやピンクの料紙を使うなど、父親らしい心遣いがあったことをご披露しておこう。

この本はある企業のコミュニケーション誌の連載企画「とっておきのもの　とっておきの話」のうちの五十回分を再編成し、若干の修正を加えて一冊にまとめたものという(光文社・知恵の森文庫)。評論家草柳大蔵がまえがきとして「生きてきたことの深さ」と題する一文を寄せており、はじめの何行かをそのまま引用したい。

「虚実は皮膜の間」とは近松門左衛門の遺した言葉だが、五十人の人々の「とっておきの話」を読み、「とっておきのもの」を拝見して、生を営むということの深さ、複雑さに、しばし目くるめく思いがした。その眩惑の感覚の中からさわやかに吹き上げてくるのは、他人が手垢のついた通念で封印してしまったさまざまな物語の新鮮な蘇生である。

大久保利通。あの謹厳で権力の表徴のような美髯の男が、妻子に手紙を書くときは、ピンクやブルーのやさしい用箋を使っていたと知って、ああ、男っていいな、と感動はしばらく続いた。

公けの場でない、私的空間での大久保は、このようにそのイメージに大きな落差がある。およそ公生活では決して見せることのない一面があらわになるのは、生前、八人の子どもの中のただ一人の娘である芳子の可愛がりかただろう。

芳子は明治九年の生まれだから、このころ大久保は猛者たちも対面すると震えたくらいの威厳の出た内務卿である。ところが、きちんと身繕いをした出勤前にわずか十分でも十五分でも時間があれば、芳子を抱いてキャーキャーと戯れていた。在宅中も来客や事務などで多忙にもかかわらず、少しでも暇を見つけて芳子を書斎に入れて戯れていたというではないか。

同じ大久保は公の顔では、「毎朝馬車を驅つて内務省に到り、玄關前にて車より下り、長い敷石の上や廊下を歩むとき、戛々たる其靴音は、省の隅々までも響きわたり、階上階下共に雑談や笑聲を止めて、省内は恰も水を打つたやうに靜まりかへつた」という存在である。

これらは勝田孫彌『甲東逸話』に見る、公と私の落差がある大久保なのである。子供好きな大久保はもちろん、ほかの男の子たちにも優しかった。大久保亡きあと長男利和が継ぎ、さらにあとを継いだ三男利武は「私共は父に叱られた記憶はありませぬ。子供は大變可愛がつた方でした」と語る。九歳のときに鹿児島から東京へ移り、学校のほかに英語や漢学の勉強もさせられたが、「宅へ歸つて父に逢ふのが何よりの他の樂しみでありました」。

このころ長男彦熊（利和）と次男伸熊（牧野伸顕）は寄宿舎にいたが、利武はまだ家にいたので父親のことをよく覚えている。「私共は夜分など馬車の音がすると皆爭うて玄關に出迎へ、前後左右より附き纏うて室に入るのでした。父が椅子へ掛ける、私共が寄つてたかつて靴を脱がする。一生懸命に引張る、すると態と足を固くしたり緩くしたり色々と戯談をする或時私が脱がした靴を再び穿かして、夫れを力を入れて又引張ると力が餘つて後にころげるのを見て、笑つた時の父の顔を、今でも猶あり〳〵と覺えて居ます」

上のふたり、彦熊と伸熊が生まれ育ったのはまだ徳川将軍の時代だったので、薩摩藩の教育を受けた。学校ではなく、郷中である。伸熊、後の牧野伸顕は『回顧録』の中で振り返っている。このころ大久保家は新照院に住んでいたので、その郷中では四書五経の素読を「大学」から始め、剣術は真影流を学んだ。

その名前の由来も当時の状況をよくあらわしている。文久元年（一八六〇年）に加治屋町で生まれたのだが、まだ名前が付いていなかった。父親利通が御小納戸になった祝いに同志たちが集まったとき、高崎正風が今回の出世で仲間たちの志が伸びたといって「伸熊」という名になった。新照院に移ったのは、その翌年のことである。

このときの大久保家の出世祝いには、大勢の仲間が集まった。西郷隆盛は奄美大島にいたが、彼らがその後の歴史で大久保と行動をともにしたり、また寺田屋事件の当事者になったりした。それを知るのは後世のわれわれであるのだが、この席では誰も先のことは知るはずがなく、みんなが大久保の出世を我がことのように祝った。それで高崎左太郎、のちの正風が生まれたばかりの次男に仲間の志を託して命名したというのである。

さて兄弟は明治四年に利通が岩倉使節団の副使として出発するとき、いっしょにアメリカに行って、自費留学した。活発な伸熊は「野球も盛んにやったし、喧嘩もした」という。明治初年に野球とは、日本の少年として最初の記録かどうか。帰国したのは三年後の明治七年のことだった。その年の暮れに墓参のために鹿児島に帰ると、洋服を着ていたので「猫が通る」とからかわれることもあった。島津家の当主へも挨拶に行った。

征韓論政変の翌年のことである。郷里の雰囲気は「大久保は皆に相当憎まれていたので、若い者が家の門の前を徘徊したりして、西郷や桐野などの先輩がいることだし、大したことはないことは解っていたが、かなり不安なことがあった」。この機会にまだ鹿児島にいた母親たちを連れて、東京へ戻った。「当時は皆そうなのだが、東京に行ったものはお役目がすめばすぐ国に帰って来るつもりで、その家族は大部分郷里に残っていた」のである。

実は、東京の大久保は、すでにもう一つの家庭を持っていた。こちらにも子どもができていた。鹿児島の夫人ますはもちろん正妻であるが、幕末に京都暮らしが長くなった大久保は妾というより、京都夫人というか、第二夫人というか、祇園の茶屋「一力」の娘ゆうと御所近くの石薬師通寺町に一軒かまえて住んでいた。

ここには「有待庵」という茶室もあり、各藩の志士たちがやって来る。大久保との密談の場ともなっていた。岩倉具視との連絡には、大原女の格好をした女性も使われたという。

志士たちには、ゆうは知られた存在であった。例の官軍が掲げた錦の御旗にも、ゆうが関わっている。このころ、こういうことは大久保と岩倉の二人が相談するのである。意匠は岩倉のブレーン玉松操によるもの、錦の生地はゆうが西陣でそれとなく買い求めてきた。それを大久保家に隠れ住んでいた品川弥二郎が、長州に持ち帰って作ったという経緯がある。

明治二年に大久保は居を東京に移した。そして、京都から、ゆうと子どもたちも連れてきた。このとき鹿児島には正妻ますと子どもたちがいた。二年後の明治四年正月に大久保が西郷を政府に引き出すために帰郷したとき、長男と次男を東京に連れていった。この年の八月に、大久保が鹿児島の妻ますに宛てた手紙の最後には双方の名前が並んでいる。

（前略）今日吉井氏西郷信吾殿被致出立候付一筆如此ニ候何も直左右承知可被給候かしこ

廿四日

一藏

彦之進

伸熊

達熊

駿熊

七熊

宿元

三熊殿

雄熊殿

大久保は吉井友実、西郷従道が帰郷するときに手紙を託したのである。宛先の宿元とは自宅、つまり正妻ますのこと。三男三熊（のちに利武）、五男雄熊が母親とともに暮らしている。差出人大久保は一蔵と記し、その左に長男彦之進（利和）、次男伸熊（牧野伸顕）、四男達熊、六男駿熊、七男七熊の名前が並ぶ。このうち四男、六男、七男は東京に呼び寄せていたゆうの子どもなのである。すなわち、東京では一時期ながら異母兄弟五人が同居していたことになる。

正妻ますはこれを見て驚いたのかどうか。堂々と名前が連記してある以上、ゆうのことはどこかの時点で話があったに違いない。この年十一月には大久保は岩倉使節団の副使としてアメリカに行き、長男と次男を同行させた。したがって、鹿児島にますと息子たち、東京にはゆうと三人の男の子が、約一年半、それぞれの留守家庭を守っていた。

それで先にふれたが、鹿児島の家族が東京へ出てくるのは明治七年になってからである。東京では麹町三年町の本邸にますの家族、芝二本榎の高輪別邸にはゆうの家族が入った。佐々木克監修『大久保利通』の解説によると、別邸は三万坪の敷地で、外国から取り寄せた果樹や桑などが植えられ、一種の実験農場のようにもなっていた。

三男利武は同書の中で、こう話している。「林檎、葡萄、西洋梨子、それに茶園もあり、桑畑もあり、いろいろの果物がうまそうに熟しておるのを、欲しくてたまらなかったことを覚えております。場内は馬車で乗り廻しのできるように道が作ってあり、土曜日にはよく私どもを馬車に乗せてこの別荘に連れてまいり、一緒に場内を廻ったことがありました」

この別邸について、佐々木克『志士と官僚』が興味深い指摘をしている。大久保の日記から調べると、彼の生涯で比較的落ち着いた日々を送ることができた明治八年後半期は、当時の休日であった一と六の日に別邸に行くという生活サイクルだった。これは欧米視察で彼らが週末の別荘行きを見聞し、この風習を模したものだという。そして大久保は、ここにゆうの家族を住まわせていたのである。

本邸は明治八年から一年がかりで木造の洋館が建てられた。ここには天皇の御来臨があり、その感激は大久保の日記に見ることができる。ところが地元の鹿児島では、この洋館が大久保の驕り、高ぶりとして非難の的になった。

この点について佐々木克監修『大久保利通』の解説には、また違う当時の事情が説明されている。「私邸の洋館は珍しかったのであるが、外国人と会い接待する場をかねて造られたもので、迎賓館や常用できる会議室を持たなかった（明治六年に政府の中央官庁が火災で焼失）政府は、個人の家で外国人を接待する方針だったのである」。

建築費には北京談判の恩賞一万円の一部などが充てられたものの、不足分は借金していた。

外見は洋館ながら、建物自体は安普請だったようだ。林董『後は昔の記』（東洋文庫版）には、次のような「大久保の私館」と題する一文が載っている。

「大久保内務卿、日清間の紛議を穏に解決されし賞に賜わりたる金を以て、裏霞ケ関に私館を建築す。工部省の営繕局に依頼して工事を監督す。総費用四千円に過ぎず。外面の板張と室内の壁に擬したる板張の間空罅にて、鼠の巣作ること多し。或人の勧により此隙間に砂を充実したるに、一日大雨の為に砂水室内に洩漏し、壁紙帷幄等之が為に汚れたりと云う。椅子等の家具は、小野善〔小野善右衛門〕が破産して競売に附したるを購入したるなりと、我友人中井弘予に語れり。中井は諧謔を好めるが故、其言は尽く信ずるに足らざれども、予が目撃したる所を以て推測するも、此言は甚だ誇説なりと思わず。当時大久保参議の威勢隆々たりしを視て、其質素なるに敬服せずんばあらず。然るに、此洋館の建築は、私学校の輩には、公の驕奢僭越の一ケ条として教えられたり。方今勢家の住宅の巍然たること、之に対照すれば、殆ど慨嘆に堪えざらんとす」

ついでながら大久保の子どもは、さらに明治九年、八人目にしてただ一人の娘芳子が生まれる。母親はますである。しかし体調を崩していたますは、翌々年五月に大久保が暗殺されたあと、追いかけるように十二月に亡くなる。その二ヶ月前、ゆうが八男利賢を生んだ。九人目の子どもである。大久保は懐妊を知らされていたはずだが、赤ん坊の顔を見ることはなかった。

この赤ん坊も含めて、利通亡きあと二つの大久保家がどのようになったか。大久保本人は公人であるから、いろいろと私生活に踏み込まれても止むを得ないところがあるが、そのあとの大久保家は、利通との関わり以外は、ひっそりと暮らしていたようだ。しかし、後にベルギー大使館になったという洋館の邸宅や高輪の別邸はどうしたのか。九人となった兄弟のその後のことなどは当事者が明らかにしない以上は知る術がない。

それでも大久保の血筋、孫の世代で世間に知られた人物が二人あらわれた。三男利武の長男利謙は歴史学者としてである。八男利賢の長男利春は、ロッキード事件に巻き込まれた丸紅の役員だった。このとき新聞では明治の元勲の孫といわれ、本人も「じいさんに申しわけない」といったという。その父である利賢も父親の顔を知るはずがないが、横浜正金銀行の頭取を勤めた。さらに事件の渦中にあった孫が、祖父利通を意識していたことは間違いない。

また第二次大戦後のワンマン首相吉田茂は大久保の次男牧野伸顕の娘と結婚しており、その長男が作家吉田健一である。さらに吉田茂の娘の子息が平成の首相になった麻生太郎だから、麻生にとって大久保利通は高祖父にあたる。

三 「囲碁」誤解なきよう

大久保の生涯には数々の誤解、曲解が付きまとうが、その活動のはじめのころに語られる一番大きな誤解がある。後世のわれわれの大久保に対するイメージとしても、どこかで読んだような、頭の片隅に引っかかるような話であり、みんなが言うからという具合に信じてしまい、いつも脳裏に焼きついているかのようなエピソードである。

それは藩主忠義の父であり、のちに権勢をふるう島津久光が囲碁好きなのを知って、下級武士の大久保正助が囲碁を習って取り入ったという話である。現在では、これが策謀家としての大久保の原点のように語られている。元来がそんな陰険な人間であり、大久保を尊敬する志士はいないかのようにも言われている。

しかしながら、同時代に活動した薩摩藩士、あるいは他藩の志士から具体的にそのような話があるのかどうか、少なくとも筆者は見たことがない。明治新政府になってからの話でも同様で、むしろ大久保が大変な囲碁好きであるエピソードがいくつも残っている。

あるとき、大久保があまりに碁が好きなので、体に良くないと心配する仲間を代表して松方正義が意見しに行った。ところが、本人からは「私に碁を止めろと言うのですか。私は碁が出来なければ死んでしまいます」と冗談めいた答えが返ってきた（牧野伸顕『回顧録』）。それで大久保に死なれては困るということになって、この話は沙汰止みになった。

次男伸熊は明治十一年の春、父親と一緒に熱海の温泉に行った。大久保は律儀に太政大臣三条実美に「私儀痔疾ニ付熱海温泉へ入浴仕度二週間御暇賜リ候様奉願候」と三月十四日に届け出ている。ちょうど二ヶ月後の暗転など誰も思わなかっただろう。

せっかく治療と休養に行ったのに、ここでも大久保は碁ばかり打っている。お伴には碁打ちの女性おたかさんもいたが、まったく色っぽい関係はない。おたかに一週間も東京を離れて会いたい人を聞かれ、大久保は末娘の芳子だけは見たいと言う。

また碁の相手をしていた本因坊秀栄によると、大久保の碁は「珍しい品の好い碁であつて、永年の間相手になつたが、一度も手許の亂れたことはなかつた」（勝田孫彌『甲東逸話』）。だが、西南の役のときは「流石の大久保公も、時々是は、余程心配であらうと碁の手で思はせることがあつた」と、その心の奥底を見抜かれていたようだ。

大久保が島津久光に取り入るために碁を習ったとは、ほとんどの大久保本に出てくるエピソードである。大久保は久光に取り入ったあと、囲碁が唯一の趣味になったという話も書かれている。いずれにしても後世のわれわれが大久保について必ず思い起こす、このまことしやかなエピソードは、明治も終わりになってから出版された二冊の本に〝根拠〟があるようだ。

ひとつは勝田孫彌『大久保利通傳』（明治四十三年）であり、続いて報知新聞の連載記事がまとめられて本になった松原致遠編『大久保利通』（明治四十五年）である。

島津斉彬の死後、異母弟である久光の長男忠義が藩主を継いだ。そのとき斉彬、久光の父である斉興が健在であり、若い孫の藩主の後見をした。しかし高齢の斉興が亡くなってからは、当然のことながら実父久光が台頭し、やがて「国父」として藩内の地位を固めるようになっていく。大久保の「囲碁」はその過程でのエピソードである。

薩摩藩のお家騒動で斉彬派だった大久保は、斉彬の死後、久光派が担ぎあげていた久光その人に同志とともに注目し、やがて決して暗愚な人物ではないことを知った。

しかし厳格な身分制にあっては大久保ら若い下級藩士には面謁も許されず、彼らの意見も届かない。そこで何とか久光に接近する手はないかと苦慮していた。うまい具合に同志税所篤の実兄に吉祥院乗願という僧がいる。『大久保利通傳』はこう書いている。

「圍碁の達人なりしかば、其重富に在りし頃より久光の對手となり、大に信愛せられたり、爰に於て利通は先ず碁を學びて吉祥院と親交を結び、其手を經て、漸く其意見を久光に通ずることを得たり、實に之れ薩藩勤王黨と久光との聯絡を得たりし初なり」

ここでは大久保は久光に接近するために「先ず碁を學びて」吉祥院と親しくなって、やがて久光に意見を通じることできた。そして、これによって「薩藩勤王黨と久光との聯絡」が初めてできるようになったということである。

「碁を學びて」とは微妙な表現だ。碁を覚えるために初めて学んだということだったら、学び始めてというべきだろう。そういう意味なら、習うという言葉を使うべきか。しかし習うといっても習字を習う、算盤を習うというように学習する意味でもあり、習い始めたという意味にも、どちらにもとれなくはない。

「習う」という表現は松原致遠編『大久保利通』にも出てくる。記者がまとめた報知新聞の記事である。「久光公は碁が好きだ、碁を以て近づけば近づけぬ事はない……大久保公が之れからぼつ〳〵碁を習ひはじめようとして其の師匠を選んだ。ところが端なくも税所篤（後の子爵）の兄といふのが吉祥院といふ寺の住職をして、これが碁の上手だと分つた。そこで之れへ習ひに出かけられた」。

ここでの記者の理解は、「習う」とは「習い始める」ということである。記者自らの実体験に基づいて書いた、ということは容易に想像できる。この記事には続きがある。

「所が僥倖にも此の吉祥院の坊主が久光公には常に出入りして居て、久光公の碁のお相手などをして居ることが分かつたので、更に喜んで、公は此の住職に頼んで公（久光）に言上の使をして貰った。久光公に献上して御覧を願ふ書物は皆吉祥院を通してやつていたので、公も書物の献上を、此の住職に依頼し、その書物の中にはさまぐ〵の建白の文章、國事を難じたものなどを入れて置いた」

こうして大久保が囲碁を習って久光に取り入り、のし上がっていくというイメージが独り歩きしていく。しかし、残された史料からは彼の人生で、卑怯とか、卑屈とか、揉み手をしてとか、お愛想笑いをしてとか、現代でいう〝ゴマスリ〟の態度はどこにも見ることはできない。

そもそも大久保の日記には、すでに若いころから碁を打っている記載がある。嘉永元年正月四日（一八四八年）に「牧野氏被訪、碁打相企、三番打、拙者勝負マケいたし候」と、久光のことよりも十年以上も前に大久保は碁を打っている。したがって、明治末の書物の記述を「学び始めた」「習い始めた」と受け取るのは、誤解であり、曲解なのである。

一般に流布されるこのエピソードに疑問を持って、切り込んだのが佐々木克「大久保利通と囲碁の逸話」である。明治維新史学会編『明治維新の新視角―薩摩からの発信―』（高城書房）に収録された論文だが、もともとは平成十二年（二〇〇〇年）に鹿児島市で開かれた明治維新史学会創立二十周年記念大会の記録である。しかし論文はこのときの講演とは異なって、囲碁エピソードに絞って「後世の誤伝と誤解にもとづく作為のもの」と書き直された。

この論文によって明らかになった大久保らの同志と久光の接近は、囲碁の話のように個人的なものではなく、組織的な活動である。吉祥院は明治二十年代の初めころに回顧談を残している（『鹿児島県史料　忠義公史料　二』収録の「吉祥院・税所篤清自記」）。そこからは大久保を中心とした若者たちの、ひたむきな思いが伝わってくる。

「維新前、久光公二之丸御出張無之内、大久保其他有志之面々御目通リヲ願クレ候様、度々承リ候」とは、久光がまだ重富にいたころのことである。「二之丸御出張無之内」は安政五年七月に斉彬が亡くなってから後のことで、大久保らは久光に御目通りできるようにしてほしいと頼み込んでいる。困り果てた吉祥院が久光に伝えると、それはできないことだと若者たちに聞かせるよう言われた。大久保たちは仕方がないと引き取った。

「其後西郷、月照僧入水後、又々大久保・海江田両人、頻ニ御庭前ニテ暫時御目通願上呉候様承リ、又々公へ申上候得ハ」、久光からはやはり前回と同じ答えしか返ってこなかった。庭での目通りとは御庭方だった西郷の例を引き合いに出しているのだが、斉彬と西郷はそうであったものの、重富は本丸と同じく奥には勝手に目通りはならぬ規則である。このことを大久保、海江田に伝えると、彼らはまた致し方ないと引き下がるしかなかった。

　しかし、そのころ久光は平田篤胤の本を読んでいて、「舎弟古史傳ヲ二冊差越有之之序ニ、建白書ヲ書中ニ秘シ差上候儀モ有之候、其後モ追々建白取次申候次第」と、吉祥院の弟税所篤が持っていた古史伝を久光に貸すことになった。そのときに建白書を本の中に挟んで、久光に彼らの意思は伝わるようになった。これが功を奏し、やがては人事に結実していく。

　大久保は御小納戸に、吉井幸輔（友実）らが徒目付になった。大久保の両親は息子の昇進を喜び、そのお祝いに吉祥院を誘った。実は「大久保之老人ハ拙之父ト殊ニ入魂ニテ、親類同然ニ仕候」だった。大久保正助がわざわざ吉祥院に近づかなくても、大久保家と税所家とは親同士が親類のように仲が良かったのである。

　吉祥院は続けて「私ヲ誠忠組頭取ニテ俗僧ナリト迚評悪シク候付……吉祥院ハ大手番所之上ニテ、舎弟之友人、大方拙寺へ集ヒ申シ候」。以上の回顧談には囲碁の話はいっさい出てこない。ここで見る限り、大久保らは正攻法で真正面から問題にぶつかっているではないか。

　いったい、例の久光に取り入るための囲碁を習い始めるというエピソードは、どこから出てきたのか。前掲書は、大久保が碁に熱中していたことが語り継がれていたことを指摘する。

　そして、「誠忠組のリーダー大久保は、いわば俗論派の監視の中にあった。そうしたなかで大久保は、ある日から突如として、吉祥院に碁を習いに行くようになる。その吉祥院はしばしば久光の碁の相手をしている。なぜ、なにかあるのではないか、と思うのが普通であろう。特に門閥・俗論派藩上層部の疑念を和らげるために、大久保が考え付いたのが、碁に熱中することであった」と、このエピソードを解釈する。

それでは松原致遠編『大久保利通』に出てくる囲碁の話はどう受け取るべきか。これは大久保の三男利武の談話に基づいているとされているが、多くの不自然な点があり、正確さを欠いたものという指摘である。この記事は明治四十四年三月三十日に掲載された。しかし肝心の税所篤は前年六月に亡くなり、当時の大久保をよく知る誠忠組の同志もすでにいない。

すなわち、このエピソードは事実関係そのものではなく、さまざまな誤解に尾ひれがついて、それらしい大久保のイメージが独り歩きする初めの一歩だったのかもしれない。

囲碁の話は後世の誤解だったものの、下級武士からのし上がった大久保が〝取り入る〟ことについてどう考えていたのか。一つのヒントは、旧幕臣であり、新聞界の先覚者福地源一郎（桜痴）のエピソードである。福地は岩倉使節団に随員として加わっており、「大久保公は、渾身これ政治家である。凡そ政治家に必要である冷血の多きこと私は未だ公の如き人を視なかったのである」と大久保をよく観察していた（勝田孫彌『甲東逸話』）。

「公の顔色をのぞみ、その風采を仰ぐごとに、私は恰も北洋の氷塊に逢ふが如き感を覚えたので、この事を鹽田三郎君、小松濟治君等に話したところ、諸氏もまた同様の想をなすものであるといつた」。「その氣稟の相異もあつたらうが、公は常に私を冷眼視せられ、わたくしも亦敢て公の知を求むる念なく、長官と屬官との間柄でありながら、疎遠の有様に日々を送つたのである」。ところが、ロンドンのホテルで仕事上のことで大久保の部屋に行き、雜談する機会を得た。

福地は、大久保に言った。「わたくしが、公に容られないのは私自身よく知つて居る。わたくしは事に當つて直に意見を吐露し、即智あるを以て得意としてゐるので、公がわたくしを信ぜられないのはこの即智を危險千萬であるとなされるためである。洵に公に容られようと思はゞ公の前に出でゝ御意見を伺ふごとに、先づ公の賢慮を促し下問あるを俟つて、徐に愚見を陳べ、利害得失を具陳することが最上の方策である。而して公とわたくしと、所見相合することと數回に及ぶときは、公は必ずわたくしに對して信を措くに足るの材であると、思はれるであらう」。

これを聞いて大久保は微笑し、「全く君の言葉の通りである。君はその秘訣を知りながら何故實行しようとしないのか」と答えを返した。

すかさず福地は「卽智は天より享け得たところの智である。苟も公の知を求めようが爲に、天與の才知を晦まして愚者を粧ふことなど屑しとないのである」と胸を張った。即智とは、機知、頓知などすぐ働く知恵で、福地は自らを才人と任じていたのだろう。肌合いとして木戸に近く、こちらにはけっこう出入りしていたようだ。そこで大久保は諭すように口を開いた。

「これ君が才を喜びて愚に陥る所以である。凡そ政治家を志すものが、屬僚より出でゝ要路に登るに當つては、第一に長上の信を得ることが必要である。條理に背き正義に戻りて迎合し追從することなどは惡からうが、さうでない以上は專らその信任を得るの心掛がなくてはならぬ。君はまだ壯年であつて、他日に大志を懷くところの俊秀ではないか。今よりして才に誇り、智に驕るの弊を矯め、勉めて深慮熟考の習慣を養ふがよい。さうしない以上は國家有用の器となることが出來ず器を懷いて空しく轗軻不遇の境地に陥るべきは明かである」

福地は感激してしまった。「その言葉が親切で、また温和であつたことは、父兄が子弟における情愛と些も異なるところがなかつた。この言葉は爾來二十餘年の今日に至るまで、當てわたくしの記憶より去つたことはなかつた。この一事により公が政治家としては最上の冷血たるに似ず、個人としては、懇切なる溫血に富んでゐられたことがわかるのである」。

引用が少し長くなったが、適当に端折るとまた新たな誤解が生じるかもしれない。この福地の話も「渾身これ政治家」「冷血」「北洋の氷塊」など引用者に都合のいい部分だけ利用されている。しかし、ここでは全文とまではいかないけど文脈をできるだけ追ってみると、福地は政治家としての資質と、大久保個人の人となり、つまり〈公〉と〈私〉を語っている。

その個人のところだけを引用すると、「親切」「温和」「情愛」「懇切」「温血」などと、大久保のイメージが一変する。短い断片的な引用で人間を判断するのは、かく難しいものである。

余談ながら、佐賀の乱について江藤新平の一族が書いた本には、大久保憎しの怨念が今日でも生きていて、とんでもない記述に出合うことがある。毛利敏彦監修・江藤冬雄『南白江藤新平実伝』（佐賀新聞社）では、何と大久保は暗殺犯になっている。「暗殺」されたのは、かつて公家侍だった浪人田中河内介で、中山大納言邸では明治天皇の養育係をつとめたこともある。

維新のあと、天皇を囲んで談笑中に田中のことを尋ねられて、小河一敏は「恐れながら、田中河内介を殺したのは、この大久保利通でござる」と同席していた大久保を指さした。それで小河は大久保からにらまれ、その後の人生は「不幸と悲運の連続であった」と、同書は記述する。

そして寺田屋事件のあと、薩摩に移送される船で田中河内介・瑳摩介親子が斬り殺され、海に捨てられた悲惨な事件の注として、人名の誤記とともに次のようなデタラメが書かれている。

「暗夜密かに、大久保は田中河内介とその子麿瑳之助を甲板に呼び出し、雑談をして油断させ、不意に二人を斬殺し死体は海中に投げこんだ。小河一敏が見ていたという」

この著者は江藤新平の孫、監修者は『大久保利通』『明治六年政変』『江藤新平』などの著書がある。史実では、大久保は寺田屋事件のあと京都から江戸に向かっていた。どうして瀬戸内海の船中で二人を惨殺できるのか。大久保が殺害を指示したかどうか、その謀議に参画したかどうかということなら、まだ議論の余地があるのだが、祖父の無念を妄想で晴らそうとしたのだろうか。

四　一蔵どんの畳踊り

大久保を周囲の人間はどう見ていたのか。竹馬の友西郷隆盛はさておいて、維新への際どいところを共に潜り抜けた、肝胆相照らす岩倉具視が興味深いことを語っている。大久保の死までの厳しい政治状況にあってともに手を携え、その人物をよく見てきた岩倉であるから――と思いこむと残念な答が返ってくる。

「大久保ハ才ナシ、史記ナシ、唯確乎動カヌガ長所ナリ。本藩ノ固陋論ノ多キニハ大困窮ナリ」。つまり今日風に意味するところを探ると、才能も学問もないけど、いったん決めるとぶれずに、動じないところが長所である。薩摩藩の固陋には大いに困っているのだが……。

そこで考え得るのは、政治家にとって一番大切なこととはこのことか、と。現代の政治家を見慣れたわれわれにとっては、むしろ感じるところがあるではないか。

ここのところの総理大臣が「才ナシ、史記ナシ」は大久保と変わらないとしても、そのあと「確乎動カヌ」ところがまったく異なる。いや何もしないで動かないから同じではないかと理解されては困る。大久保はいったん決めたら断固として実行するという意味であり、現在の宰相は信念がなく、ぶれてぶれて実行力が伴わないということなのである。

同じ公家の三条実美も岩倉と同じような見方をしている。明治七年七月二十六日の岩倉宛の手紙に大久保のことが出てくる。ちょうど台湾問題で大久保が清国行きを決意したときである。三条としては明治政府の芯がいなくなる不安を訴えている（『岩倉具視関係文書　六』）。

「大久保性質御承知之通故御爲と見込候事は確乎不可動處有之候」といい、「御採用無之節引入候様にては頗不容易候間御互に篤く説諭……」とあるのは、公家の世界ではあまり見られぬ人物に対し、岩倉との共通認識に基づく、共同作戦の呼びかけのようである。

この大久保の特性を敵の側からみると、いっそうよくわかる。幕末の激動にあって徳川側では越前公の参謀だった中根雪江が、徳川慶喜の懐刀である原市之進と、こんな話をしているではないか。『続再夢紀事　六』を見てみよう。

慶応三年五月のことである。「方今世上に風波を起すハ諸藩にして諸藩中にも薩藩尤其魁なるか如くなれとも一昨日四藩集會ありし時の實況に就て考ふるに藩主ハ都へて公平無私なり薩といへとも主侯は邪曲の念なし故に今日風波を起すハ其藩主にあらすして其臣僚なり一昨日の集會に議奏補闕の事を攝政殿へ言上するに決せしか是も藩主の意見にあらす卽ち臣僚等朝廷へ有力の人物を置幕威を壓せんとするの一手段なり」。

この臣僚らを、どう丸め込むか。彼らに対抗する人材は、閣老まで含めても、幕府側にはいない。ここは「矢張大樹公御自身に料理せらるゝ外なかるへし」と二人は話し合っている。

原の見たところ、「薩藩中小松帯刀ハ能く世とゝもに變化する所あれとも大久保一藏ハ頑然動かす終にハ天下の害を惹き起すへし」。その通り、幕府は倒された。中根も「いかにも帯刀一藏ハ姦雄なり故に此姦雄をして手を空しくせしめられされは天下ハ治まらさるへし云々なりき」と応じる。二人の見るところ、ほんとうの敵は薩摩藩主ではない。藩主はむしろ公平無私とまで言っている。一番の敵は断然動かない、それゆえにこそ、大久保一蔵なのである。

幕府に政治闘争を仕掛けてくる策源地は薩摩藩なのだが、その司令塔は藩主ではなく、大久保であると、さすがにここでは見抜いている。二人にとっての天下とは徳川幕藩体制であることは言うまでもない。小松帯刀には世の動きに変化する可能性をみているのだが、動かない大久保にはどうすればいいのか。中根雪江は考える。

「今日の世態を觀察するに調和すへきハ朝幕にあらすして幕薩なり然るに大隅守殿素より格別の意見なく小松帯刀とても他の勸誘によりて意見を立るもの丶如くなれハ被藩にて姦謀を逞しくするハ獨大久保一藏有るのミなり故に大隅守殿にして正義を執らる丶事となりなハ一の大久保あるも其姦を逞しくするを得さるハ掌を指すよりも明らかなり」

話を岩倉に戻して、その大久保評とは佐佐木高行『保古飛呂比　五』で新政府随一の教養人、副島種臣との比較で語ったものである。したがって、少しは大久保のために割り引いて受けとってもいいのだろう。副島の教養とは清朝の宮廷が感嘆し、それまでの外交団との傲岸な応接を変えたほどであり、また明治の書の世界を代表する名筆家であった。

この大久保の人物像は明治四年四月、岩倉邸に招かれた佐佐木高行が記録したのだが、さらに記された自らの大久保評もけっこうなものである。

「大久保ハ文盲ニテ、只自分ノ考而已ニテ確證ヲ引クコト出來ヌニ、副島ノ古今ノ事ヲ引キテ論スル處ニ暗合ノ事多シ」

この「文盲」とは先の岩倉の「史記ナシ」に相応するのだろう、ようするに漢籍の教養がないということである。当時のインテリには必須科目であった。「只自分ノ考而已ニテ確證ヲ引クコト出來ヌニ」とは、そのことを指す。しかし「副島ノ古今ノ事ヲ引キテ論スル處ニ暗合ノ事多シ」は、押しも押されぬ教養人である副島が論じるところと、教養のない大久保の論が合致していることが多いということである。

大久保は自分の考えを、漢籍の教養に頼らなくても、あるいは引用せずとも、まっすぐ現実を見ている。それによって、まっとうな考えに至る。副島は古今の教養を駆使して論じるが、どういうわけか二人の考えは「暗合ノ事多シ」となる。現代からみると近代日本を切り拓くためには「史記」などの漢籍はなくてもいい、あれば囚われる。「文盲」でけっこうなのだが、副島のアプローチでも大久保に近づいていく。

外務卿だった副島は清の実力者李鴻章から、君のような英傑の士は日本にも多くはいないだろうと言われ、からからと笑った。「僕の如き人間は、我國においては實に斗升を以て計る位である。然し唯一人大久保甲東といふ者がある。膽は泰山の如く、量は大洋の如く、識見高邁才幹古今に絶して居る。洵に前代未聞の豪傑である」（勝田孫彌『甲東逸話』）。これが効いたのか、台湾事件を巡る北京談判のあと、李鴻章の懇望で大久保は会見した。

話を大久保と副島の話に戻すと、佐佐木はこう続けている。「依ッテ大久保ノ力ヲ増ス氣味モアルヨリ、木戸・後藤ナドハ大久保ガ副島抔ノ力ヲ借リ、副島ハ大久保ニオモネッテ、大久保ノ意ニ叶フ様ニ論ヲ立テルトノ見込ヨリ、殊ノ外悪様ニ申スナレドモ、決シテ右様ニハ見ヘヌナリ、大久保ノ主持ノ論ト、副島ノ論ト大凡合フナリ」。

木戸は孝允、後藤は象二郎が拗ねているように見える。このあたりは現在の政界でも言論界でも変わらぬ人間模様である。ちなみに「木戸ハ先見ノアル事ハ長所ナリ、只スネテ不平ヲナラシ、表面ニ議論ヲセズ、陰ニ局外ノ者ヘ何角不平話ヲ致スハ、木戸ノ弊ナリ」と、この席で岩倉が評している。

岩倉と佐佐木は「足下ヘハ毎度内密咄シタル事モアリシニ」という関係だったらしい。木戸や後藤が何と言おうと、副島の支えがあってもなくても、大久保が議論の場をリードしている。その実態が岩倉と佐佐木の評言からうかがえるではないか。

この話は長州の木戸孝允、土佐の後藤象二郎という藩閥の実力者が顔をそろえていて、薩摩の大久保には敵わない。だから、せめて大久保、それに副島の悪口を言って憂さを晴らしているとも見られないことはない。大久保の言うことは筋が通って間違っていないのだから、そのくらいのことはという気持ちがあったのだろう。

〝大久保独裁〟といわれる時代の到来は、案外とこんな情景が積み重なっていったのかもしれないし、その実態を垣間見るような話として記憶しておいてもいいだろう。

さらに大久保が議論の場にいるときは、だいたいこんなものであったかと想像させ得る話でもある。決して他人の話を聞かない大久保ではない。むしろ逆に聞き役であることが多い。しかし、いったん決めたら動かない。議論だけではなく、大久保の〝人間力〟というもう一つの要素があったと考えてもいい。

それは大久保の存在感はその体格にもあったかもしれない。何しろ六尺近い大男である。木戸は長身といわれるが五尺八寸なので、大久保はなお大きい。ふだんは寡黙であり、真面目であり、お愛想にも笑うことはまずない。こういう男がまともなことを言い出したら、たいていの議論はそれで決まってしまうのが世の常である。

こうした議論の場は明治になってからではなく、薩摩藩時代でも同じことだったに違いない。若いころの誠忠組では、大久保は同志たちの中にあって、むしろ年少といえる。それがあの五歳年長の有馬新七ですら、「大久保を首領と仰ぐ以上……」といって、過激派の同志とともに寺田屋事件をひきおこす。

さらに盟友の西郷隆盛が、大久保の論に「諾」といえば、もうこれはその場のダメ押しではないか。あの廃藩置県決定の翌日、どう進めていくかの議論に西郷参議は「若シ各藩ニテ異議等起リ候ハ、、兵ヲ以テ撃チ潰シマスノ外アリマセン」と大喝した。前掲『保古飛呂比　五』は「實ニ西郷ノ權力、サシモ議論家ノ面々モ一言ナシ、非凡ナル事他ニナシ」と記す。

さて、大久保が上司という立場になったら、どうなのか。佐々木克監修『大久保利通』では、内務大丞に任じられた河瀬秀治が大久保からの訓示をこう伝えている。

「私一個で選んだのではなく、また薩長の手で選んだでもない。全く内閣一般の選任だから諸君もそのつもりでおられたい。したがって、各部の担任者は決して私一個に使われるとか、薩長に使われるとか思わずに、国家の役人である国家の仕事をするというつもりで自ら任じてやってくれ、かつまた細かいことは自分は不得手であるから万事仕事は君たちに任すから力一杯やれ、その代わり責任はおれが引き受けてやる、顧慮せずにやれと言われた」

上司たるもの、かくありたい。いや、かくあらねばならない。平成の首相たちも〝丸投げ〟をして配下に仕事を任せているらしい。そのくせ途中で余計な口出しをする。そして責任もまた彼らに押し付けるのだが、大久保はまったく違う。

河瀬の話に続きがある。「万事がこういう行らせ方で、部下のものは一生懸命に仕事をすることができた。公は人に任しておいて断乎として動かなかった。だから、骨は折れたが、安心してやることができた。仕事の上のことは過ちがあっても叱らずに責任は一切自分が引き受けられた」。

しかしながら、徳川慶喜に仕えた渋沢栄一は、どうも大久保と反りが合わなかったようだが、また興味深いことを言っている。渋沢は明治になって官界から事業界に転じた。大蔵省に出仕していたときに、大蔵卿の大久保利通に接している。「大久保は今国家の柱石ともいわれる人で現に大蔵省の主権者でありながら、理財の実務に熟せざるのみならず、その真理さえも了解し難い」（「雨夜譚　巻之五」）と、まったくの酷評である。

渋沢は論語読みであり、その本も出している。そこに大久保評がある。いまは講談社学術文庫になっていて、『論語講義　一』の為政第二にある「子曰く、君子は器ならず」についてである。著者渋沢の字解は「○君子―民に長たる徳ある人なり。○器―器物なり。器物は、おのおのその用あるものなり。一芸一能の人に喩う」。

講義の中から引くと、「孔夫子は在上の君子は器物のごときものでない。器物を使う人であると仰せられしなり。すなわち徳を修むる者は君子、技芸を修むる者は小人という意なり」と実にわかりやすい。もっと具体的な説明が続く。

「人間である以上は、その技能に従って用いさえすれば、誰でも何かの役に立つものである。

箸は箸、筆は筆と、それぞれその器に従った用があるのと同じく、人にはおのおのその得意の一技一能が必ずあるものである。もしそれ非凡達識の人になると、一技一能に秀れた器らしい所はなくなってしまい、万般に行きわたって奥底の知れぬ大量大度の所があるものである」

渋沢の論語の面白さはこれだけではない。実際にその半生に出会った人たちを引き合いに出すところが魅力なのである。次にそうした例が出てくる。「維新の三傑について余が観察せし所を試みにここに申して見よう」と、最初に出てくるのが大久保である。「大久保利通侯（内務卿贈右大臣）は余の嫌いの人で、余は酷く侯に嫌われたが、余は侯の日常を見るごとに、器ならずとは侯のごとき人をいうものであろうと、感嘆の情を禁じ得なかったものである」。

「たいていの人はいかに識見が卓抜であっても、その心事のおおよそは外間から窺い知られるものである。しかるに大久保侯に至っては、どこが侯の真相であるか、何を胸底に蔵しておられるのか、不肖余のごときにはとうてい測り知ることができない。全く底の知れない人であった。ゆえに侯に接すると何となく気味の悪いような心情を起さぬでもなかった。これが余をして何となく侯を厭な人だと感ぜしめた一因だと思う」

なるほど、と思わせるほど渋沢の人物評もなかなかではないか。大久保のことは嫌いであって嫌われていたのに、人物をちゃんと見ている。ついでながら、もう少し渋沢の人物講義に耳を傾けてみたい。維新の三傑、次は西郷が俎板に乗せられる。

「同じく器ならずでも、大久保侯とはよほど異った所があった。一言にしていえば、すこぶる親切な同情心の深い一見しておなつかしく思われた御人であった」と、後世のわれわれにも懐かしさを感じさせる人物像になっている。「平生至って寡黙で、めったに談話をせられなかった方である。外間から見た所では果して偉い人であるか、将た鈍い人であるか、ちょっと解らなかったものである。賢愚を超越した将に将たる君子の趣があった」と言い得て妙である。

木戸孝允はどうか。二人よりも「文学の趣味深く、かつすべて考えたり行ったりすることが組織的であった」と何となくスッキリしない。「しかれども器ならざる点においては、大久保・西郷二傑と異なる所がなく、凡庸の材にあらざるを示すに足る趣のあったお人である」。これは同時代の人ならニュアンスが理解できたのだろうが、奥歯に何か挟まっている。

三傑ではないが、もう一人の歴史上の人物、勝海舟も登場する。「勝伯も達識の人であったが、前の三傑に比すれば、何れかというによほど器に近い所があって、器ならずとまではゆかなかったように思われる」と、徳川慶喜の家来らしい人物評である。

あれこれ批評される大久保にも、自ら動いて、一芸を披露したことだってないことはない。

それも周囲をアッと驚かせる大技なのである。

文久二年（一八六二年）六月、薩摩藩は島津久光が上京し、大原勅使とともに東海道を下って江戸へ入った。その前日、まるで久光を避けるように江戸にいた長州藩主毛利敬親が中山道から京都に向かった。薩摩藩が気を悪くするのは当然のことである。そこで長州藩の江戸屋敷は、大変に気をつかって、あれこれ久光に同行してきた側近に接近を試み、また接待もした。長州藩から周布政之助、小幡彦七、来島又兵衛となかなかのメンバー、薩摩藩から堀小太郎、大久保一蔵が応対した。

長州藩側の史料である末松謙澄『防長回天史』はこのときのことを記している。ただし、句読点がまったくなく、まことに読みづらいので、筆者の責任で句読点を打った。

「六月十日には周布政之助、小幡彦七、薩藩の堀、大久保等と木挽町の酔月楼に會し、同十三日には周布、小幡再び來島又兵衛と倶に堀、大久保等に、柳橋の川長に會合せしも、意氣未だ投合には至らず」

周布政之助とは、知る人ぞ知る酔っ払いである。土佐のこれまた〝酔鯨公〟山内容堂を前に暴言を吐いたり、獄中の高杉晋作を救おうと馬を駆って大声を発したり、とにかく大酒を飲んでの武勇伝は数多い。これからの振る舞いもその一つに挙げられるのだろうか。来島又兵衛は年長ながら周布に心酔する、戦国武将のような男である。
「其川長に會するや周布は長藩の他意なきを表して曰く、若し他意あらば僕請ふ、屠腹せんと。堀、膝を進めて曰く、足下其れ屠腹せよ、僕、之れを検せんと。大久保、呵して之れを止む」。大久保の「呵して」とは怒鳴ることとか叱ることの意味だから、常に沈着冷静な大久保が「やめておけ」とでも言ったのだろう。

宴、酣なるに及び、堀、頗る不遜にして傍若無人の狀あり。周布、劍を拔起ちて舞ふ。醉意、堀に在り。小幡、身を以て之れを遮る。來島、劍を按して座中を睥睨し、大久保、醉に乗じて大力を示し、絶て情意の融和するものなし。

もの凄い光景である。五人の登場人物の動きが目に見えるようである。周布は剣舞のように見せかけて、堀を狙っている。小幡は文字通り体を張って、酔っ払いから他藩の堀を守ろうとしている。来島はこれまた剣を引き寄せて座を睨みつけている。肝心の堀はどうしているか、わからない。薩摩の流儀では男がいったん刀を抜けば、ただごとでは済まされない。薩長は一触即発の危機である。

そこで大久保が大力を示した？　長身の大男ではあるが、さきに長州側を挑発した堀を呵責した冷静な大久保が大力とは何のことか。しかも酔に乗じて、とは。どういうことかと誰しも思うのだが、このあとに注が書かれている。

大久保は疊を撥して、之れを掌上に翫弄したり。薩俗、之れを疊踊りと云。

何と大久保は、薩摩流の畳踊りをした。余興ではない。酔興として畳を持ち上げてくるくる回し、この騒ぎの中に割って入ったのである。これが大力の意味するところだった。このとき大久保は三十一歳の男盛り、大きい畳が中に入れば四人に距離を置かせることになって、この場は治まったのだろう。「當時之れを稱して、鴻門會と曰ふ」そうだ。

大久保はこの日の日記に「今日亦々西向江差越堀同道万年屋与申船問屋江差越候」と書く。今日亦々とは十日にも堀と出向いたからである。翌十一日に周布から誘いの確認状が届いている。「長藩周布政之助先來船用意有之乗船隅田川登リ風景可愛一亭江上陸此處へ宍戸九郎兵衛小幡彦七外ニ一人先來頗ル及暴論候今夜九ツ前歸邸」。

この場には宍戸九郎兵衛もいたのか。「外ニ」とは来島又兵衛だろう。肝心の畳踊りは自分の日記に「頗ル及暴論候」とだけ書いて触れていない。このあたりが大久保の面白くないところである。しかし几帳面に記録はしているところがまた大久保である。

それにしても、こういう場で畳踊りが出てくるのは、ほかでも同じことをしていたに違いない。いきなりできることではない。若いころ、柔術を習っていたことと関係があるのではないか。これよりずっと後のことだが、佐々木克監修『大久保利通』の中で、ヨーロッパに行った岩倉使節団の久米邦武が興味深いことを言っている。

「薩摩の人は一体が気が暴い方で、自分たち同士では随分口論の末に撲り合いもする。しかし、他国他藩の人に対してはそういうことはあまりないようである。大久保さんもあの頃薩摩人の中で若い頃から嶄然として頭角を顕わしたほどであるから、随分気象も烈しい方であったには違いない。大久保公が人を撲ったり蹴ったりされたことは聞きもせず、また藩にいる頃からでも身分ができてからは為られもしなかったろうが、一朝物が間違うとそれくらいのことは平気でやる方の人であったろう」

つまり久米は礼儀正しく端然とした大久保利通の中に、どこか凄味を感じとっているのである。たしかに大久保は、あの野蛮ともいえる薩摩の風土の中で生まれ育ち、下級武士から藩主の側近までのし上がってきた。そして幕府と対峙し、朝廷を揺さぶって明治維新にまで引っ張ってきた。その活動は薩摩藩という〝暴力装置〟を背景にしており、決して文弱の徒ではなかったし、そう見るべきではない。

余談ながら、大久保は一蔵から利通になって、もうひとつ踊った話がある。岩倉使節団の副使として訪れたイギリスでの出来事である。「洋行中に公の口を開いたのは数えるほどしかない、それほど公は無口であった」という久米邦武は語る。

「大久保さんに口を利かせようとして種々な悪戯をたくらんだ者もあったが、いよいよ大久保さんの前へ出ると威厳に打たれてなんともできなかった。私は知らないが、なんでもエジンボロで薩摩の何とかいう人が、大久保さんに一つダンスを行らそうと言って計企んで、宴会に引っ張り出したことがあるそうだ、その時には娘か何かにどうかあの大久保という人と踊ってくれないかと懇々頼んだので、娘が引きずり出すと、大久保もとうとう立ち上がって踊ったそうだ。私は見なかったが、大久保公生涯の珍事であろう」

酒席ではがした畳をぐるぐる回して踊る一蔵どん。薩摩の誰かの入れ知恵で、英国女性の申し込みに応じてダンスをする大久保公。どちらの場合にも、平生と変らぬあの顔つきだったに違いないから、さぞかし見ものであったことだろう。

第二章　豪邁沈毅

一　何事も命がけ

政治家の資格として第一は勇気であり、第二、第三はまた勇気であり、「如何なる政治家でも、苟も勇氣の缺乏したる政治家は、扇子に要が無い様なものだ」とは徳富蘇峰の評言である。それで「我が大久保公の勇氣に至りては、實に一世に傑出したるのみでなく、百代に卓越したと云うても、大なる過言ではあるまい」(『大久保甲東先生』)。人間だれしも火事場では勇気が出るようだが、大久保の勇気とは常住の勇気であり、「普通人の生活としての勇氣だ」という。

「公は如何なる場合でも失望せず、落膽せず、沮喪せず、挫折せず。険に處しても、夷に處しても、平然として、其の歩調を狂はせなかつた。而して公の勇氣は、其の周邊の勇氣の發電所とも云ふ可きものとなつた。乃ち只だ公一人の爲めに、其の周邊の者共は、何れも安心した……其の一身上に於ては、如何なる危險を冒すも、毫も顧慮する所なかつた。此れが遂ひに其の難に罹つた所以の一であつた」

その大久保の勇気は生まれながらのものでもあるが、修養にもよるところがあった。「公の勇は、自信から來た。自明から來た。見識から來た。責任觀念から來た」。世間でいう市井遊侠勇気ではないのである。「向ふ見ずの勇ではなかつた。寧ろ却て向ふを見るの勇であつた」とは、どういう意味なのか。

「公は複雜したる機關の持主であつたが、其の處世上には、何等複雜したる所はなかつた。云はゞ家をも顧みず、身をも顧みず、名をも顧みず、利をも顧みず、只だ生一本の國家奉仕であつた」「されば苟も國家奉仕の爲めとあれば、其の全力を擧げてかゝつた。所謂る獅子兎を搏つに全力を用ふると云ふもの、之に幾かつた」

このように蘇峰は大久保の勇気を評した。さらにもう少しザックバランだったら世間受けには良かったのかもしれない。だが、それは大久保にはできないことというより、そう望まなかったのである。「古人も深沈重厚是第一等資質、磊落雄豪是第二等資質と云う」ではないか。

ここまで聞いたら、あの名言を思い起こさないか。『西郷南洲遺訓』に出てくる「命もいらず、名もいらず、官位も金もいらぬ人は、仕抹に困るもの也。此の仕抹に困る人ならでは、艱難を共にして国家の大業は成し得られぬなり」である。そして西郷隆盛は大久保とともにそれを成し遂げた。また「獅子兎を搏つに全力」とは、蘇峰は佐賀の乱が脳裏にあるのか。

そんな大久保ではあるが、池辺三山『明治維新三大政治家』の指摘を押さえておかなければならない。「多分議論でもしたらしようのない人であったろうと思われる。もちろん言葉は穏やかであったに違いない。幕府から見れば陪臣、天朝から見れば陪々臣。また薩摩においても、大久保の下も無論あるが上もたくさんにある。一つ間違えば抜打ちという時代だ。言語動作はよほど謹慎であったでしょう。意地が強ければ強いほど謹慎でなければ差障りが出て来る」。

これは人間心理のなせるもの、現代の社会においても変わらない真実だろう。権威主義、秩序主義に浸る上位の人間は、下位にある人間に不遜さが少しでも態度にあらわれれば、直ちに、あるいは間を置かずに、いや時間をかけても、排除するようになる。

この関係は時代劇によく出てくる「恐れ入ったか」「恐れ入りました」という言葉に現れる。猿の群れではマウンティングと呼ぶ優位を示す行為、鶏の間でもペッキング・オーダー（餌をつつく順番）となって、ヒトを含めた動物社会ではあまり変わらないのかもしれない。この関係が乱れ、不安定となるときは確執、争いとなって、新たな秩序ができるまでは闘いとなる。

ちなみに大久保の盟友西郷は、作家海音寺潮五郎のいう英雄的風貌のために、見るからに島津久光の気に障ったのかもしれない。

大久保についての三山の話はまだある。「で、どこまでも謹慎、どこまでも温良恭謙の態度でやったに違いない。が、腹の中には折れても曲らぬ一物がギラギラしていたろう。ギラギラしていれば目に立っていよいよ始末にいけぬが、大久保は多分その上をほとんど光沢消しにしていたろう」。こんな調子で種々論じて、後半に至って「サアここでまた私はさらに大久保の大特性大特色を認めぬわけにはゆかぬ」と、三山の大久保評はクライマックスである。

「一体政治家というものは武人の権力を酷く怖がるものだが、大久保はそうではない。征韓論の破裂は、結局意見の相違が本だと帰納する外はないですから、その衝突は政敵対抗の行為である。軍人、ことに天下随一の人望を持っている大軍人を政敵として、友誼も友情も抛ち、またその上半生の相互の関係歴史も抛ち、その結果、天下を敵とするの恐れあるも憚らず、断然として排斥して、文治内閣を自己中心的に建立して、屹立するというその政治家的骨格の構造のしたたかなことといったらない。大久保は到底政治家として軍人輩の下に立つことは肯んぜない」

三山はここで一つのエピソードを紹介する。明治七年の台湾出兵で大野津、すなわち野津鎮雄が大久保に「今度もまた因循でゴワンすか」とやった。すると、大久保は膝を立て直して「何じゃッチ、七左衛どん」（何だと、七左衛門）と面と向かい合ったので、野津は黙ってしまった。これを見て、周囲が「上には上があるものだ」と語り草にしたという。

「大久保の対軍人的地歩はこれだ。私はこの点においては大久保をえらいと思わざるを得ぬ。ただし西郷に対してはあのとおりやりはやったが、あとはうまくゆかぬ……」。

三山は、それからの西郷と大久保の悲劇に思い入れを語る。「二大政敵が大政変を起して、刺し違えて死んだ。そして互いに大悲劇中の二主人公となった。大詩人の大劇詩で二人を歌ってもらいたい」。

実際に稀有な両雄の友情と別れは、現在まで様々なドラマになってきた。しかし、西郷役、大久保役それぞれに適う俳優がいない。脚本もどちらかの側に偏してしまう。せめて山本有三の戯曲『西郷と大久保』を読んで、自ら空想の舞台を描くしかない。

「大久保以後、日本には大久保なしだ。帝国は大きくなったが、人物は小さくなってる。憲法政治で皆一同にえらくなる外はない」。三山の大久保利通論の結びである。

西郷・大久保を仰ぎみて育った松方正義は、二人の修養を語る（勝田孫彌『甲東逸話』）。

先輩の大久保さんや、西郷さんなどは、陽明學を習はれたので、自然予等も其說を喜んで迎へたものだ。又、禪宗坊主などにも就いて、鍛錬の工夫を積まれた。「靜定工夫試忙裡、和平氣象看怒中」、といふ句に、工夫三昧修養を積まれたものだ。ドーダ、盤根錯節に遭遇して、狼狽する事なく、綽々として餘裕を存し、又怒氣心頭を衝き、渾身血熱する時、平然居住の如くなるを得ば、人物も亦大いに高しと云ふ可ではあるまいか。

こういう修養の話は、よく語られている。鹿児島に行くと、どこだったか、「西郷・大久保座禅石」という案内板を見かける。そこは道路わきの林内にただ石があるだけである。かつて禅寺があったところで、二人はここに座って座禅をしていた。ただし大久保は後年、西郷の禅について益するよりも傲世の気風を生じて隠逸の害が多かった、と振り返っている。

後に首相となった松方の話はなお続く。「それに就いて、想起するは、大久保さんの膽力である、大久保さんは、實に果決斷行の人であつたが、しかし、怒るときは、常よりも聲低く、落着いて物を言ひ、頗る沈着の態度を取られた。そこで西郷さんも、大久保が聲を低くして語り出すときには、用心ものだと謂はれたことがある」。

また大久保と同じ加治屋町に育った松村淳蔵は「大久保公は喜怒の色に表れぬ人であった。

あまりニコニコ笑っておられるのを見たこともないが、人と議論などがあっても、人が急き込めば急き込むほど沈着いてきて、ポツリポツリと話をされた」（『佐々木克監修『大久保利通』』）と、同じことを見ている。「それに、夜分によくお話に上がったが、夜が更けるに随って、だんだんと味のある話をする人で、しっとりと沈着いた話し振りであった」と、どこにも浮ついたところがない人物である。

興味深いのは大久保がメモ魔であったこと。「小さな手帳を持っていて、何事でもその手帳に記めておく人であって、洋行中などは、殊に珍しいことに出逢うことが多いので、始終手帳に記めておられた」。そう言えば、ちょんまげを結った大久保一蔵の写真は、確か刀は後ろに置いて、片膝を立てて何かを筆で書いているではないか。

大久保は若いころから命がけである。斉彬の時代すでに藩外に出て各藩の名士と交わっていた西郷は、月照との入水事件のあと大島に流謫となった。しかし斉彬の没後、甥の若い忠義が藩主となって、藩内の勤王の有志はエネルギーの持って行き場がなくなった。そこで出てきたのが、脱藩して天下の有志と活動しようという動きであった。安政六年（一八五九年）のことである。いわゆる大老井伊直弼による安政の大獄の嵐が吹き荒れていた。このとき大久保は薩摩の志士たちのグループの首領となっていた。

結局、この動きは久光の知るところとなって、藩主忠義名で諭告書を降した。万一の事態が起これば斉彬の意志を継ぎ、藩を挙げて忠勤に励むので、今回は自重するようにという。宛先に「誠忠の士面々へ」となっていたので、ここから彼らを誠忠組ともいう。

しかし血気盛んな連中は、それでもおさまらない。『甲東逸話』では高崎五六の話として、次のように記している。

甲東は、この形勢を見て、嘆息して云ふには、「諸士、何を騒ぐか。今や我黨は、懇諭に基づき、勤王の大義を貫かんが爲に、藩主を戴き義のある所、道の存する所を求めてゐる。然るに尙、脫藩を思ひ止まることが出來ないとならば、宜しく先づ予が首を刎ねて後出發せよ。予が生存する間は、假令一歩たりとも、諸士を藩地の外に脫出せしめることは出來ない。」と、勵聲一番、意氣軒昂たるものがあつた。流石の有志等もこの一言に呑まれ、遂に脫藩を中止するに至つたのである。

ふだんは冷静な男が声を張り上げて大喝したのだから、この場は金縛りのような空気が走ったのだろう。ここの場面はかなり知られており、いろいろな小説でも見せ場であるから、小説家にとっては腕の振るいどころである。

江戸には有村俊斎の弟雄助、次左衛門がいて、水戸藩士と井伊大老襲撃の計画を練っていた。そこでまた突出論がぶり返したのである。藩を挙げての行動はとても待っていられない。

誠忠組では血気盛んな有村俊斎が動き出した。なにしろ自分の兄弟のことである。士籍を除かれる牒外となってでも天下の浪士として王室を奉護せん、と。ここで大久保の説得も命がけである。このときの当事者である有村俊斎が、その晩年に海江田信義となって著した『維新前後實歴史傳』で前後の事情を見てみたい。

「大久保・俊齋を別室に伴なひ、低聲して曰く、足下の言、素より理あり、然れとも余は牒外の處置も亦決して允許なきを信するなり。吁進んて事を擧んとするか、公之を許さす、退ひて事を止めんとするか、素志に違ふを何如せん、進退既に谷まれり、是れ余輩の命窮するの時なり、如かす足下と共に茲に耦刺せんにはと」

進退窮まったのである。大久保は海江田に刺し違えをしようと迫った。このときの有村俊斎は答えた。「余は平生既に死を決せり、然れとも今大久保と共に茲に死するも、終に無益に屬するを知るなり」。大久保はまた言う。「余も亦元より其無益たるを知れり、然り而して今日にして余輩の意志を達せんと欲するも、到底成し難きを知り又死の無益たるを知るに至りては、深く思慮を用ひさるへからさる者あり」。

ここは忍耐の力が試されるときなのである。俊斎は答えた。「忍耐の一語に於てハ、余深く感する所あり、且つ余は常に足下に兄事す、何そ叨りに抗論せんや、敢て足下の意に従はんと」。そこで二人は同志たちの前に立った。大久保はやはり忍耐を説くと、彼らは激高した。しかし、大久保はここでも言い放った。

「諸君等にして、若し暫時を忍ふへからすと爲し、飽まて事を今日に擧けんと欲せは、冀くは先つ此大久保を茲に斬れ、大久保にして苟も此に存するときは、飽まて忍耐を勸めんのみ、諸君速かに余を殺せと。至誠色に著はる。此時俊齋又諸士に謂て曰く、今若し大久保を斬らは、啻に同志の一人を失ふのみならす、事必す是より敗れん、豈辨し易きの利害ならすやと。是に於て諸士較々激昂を止め、各々熟思する所ありて、遂に大久保の説に服したり」

幕末になると、大久保の相手は一橋慶喜であり、その謀臣原市之進である。そこで大久保は、一橋慶喜の圧力によって長州再征を決した朝廷に対しても大胆不敵な言動をしたことが『朝彦親王日記　一』に記録されている。「慶応元年九月二十二日晴」とあるその朝の記述を見よう。

「今朝大久保市藏參ル仍而昨夜之通申聞候處　朝廷是カキリト何共恐入候次第ト計答早々歸候

也」。何と親王に向かって、朝廷これ限り、と言い放ったのである。

まだある。翌二十三日には西郷宛に経緯を知らせる手紙を書いた。その中には、非義の勅命は勅命にあらず、と一段と大胆不敵な文言を連ねた。「天下萬人御尤与奉存候而こそ勅命ト可申候得ハ非義勅命ハ勅命ニ有らず候」。すなわち勅命とは天下万民が、ごもっとも、といって納得するようなものではなくてはならない。それが義というものであり、これに外れたものはほんとうの勅命とは言えないのである。

このときの大久保は、相手側から見るとどうなるか。慶応元年九月二十一日、長州征討の勅許を得ようと将軍家茂が参内するとき、大久保は単身がんばった。「名義不分明の妄擧」と朝彦親王と関白二条斉敬に延々と食い下がる。幕命が朝命になるのなら、再征に反対している諸藩は朝敵のようになってしまうが、それでもいいのか。一方、一橋慶喜は関白らがなかなか朝議に出てこないので様子を見に行かせると、大久保がなおも粘っていた。

ようやく夕方に開かれた朝議では、大久保に圧倒された関白が再検討を口にしたとき、慶喜は激怒した。『續再夢紀事　十三』は九月二十一日の様子を伝える。「其後殿下參内ありて進軍ハ然るへからすと仰出されけれは一橋大に激怒して大樹の參内せらるゝ場合匹夫の議を聞かるゝため猥りに時刻を移ししかのみならす其議に劫かされて輕々しく朝議を動かさるゝ如きハ實に天下の至變といふへし斯くてハ大樹始一同當職を辭する外あるへからすと申放しけれハ殿下殊の外迷惑せられ遂に奏請を容れらるゝ事に決せしか爾後大久保の評判宜しからす」。

大久保は、なるほど慶喜の目から見ると「匹夫」なのである。その匹夫の言葉に動かされているようでは世の中大変であるという。この大久保と慶喜の睨み合いから、あの孟子を思い起こさないか。「自反而縮雖千萬人吾往矣」。よく考えてみて間違いがなければ、千万人が相手でも自分は行う。大久保は孟子の言葉を思ったかどうかはわからないが、まさにこの場面がそうではないか。

そこで思い出すのは、大久保が岩倉使節団で外遊中に西郷が送った手紙のことである。ここでは冒頭に「貴兄の写真参り候処、如何にも醜体を極め候間、もふは写真取りは御取り止め下さるべく候。誠に気の毒千万に御座候」と、西郷の諧謔が飛ぶ。身綺麗な大久保には写真がけっこうあるが、醜態をさらす写真はもう撮るなと書き送った西郷には一枚も残っていない。

この手紙は明治五年二月十五日付で、アメリカの大久保に国内の情勢を丁寧に書き送っている。後半になって、「県々の役人も、貴兄御帰朝これなく候わでは十分にはまり付き申さずとて、先ず見合わせ居り候向きに御座候。貴兄御一人は数千万の人民目的にいたし居り候間、全国を引き起すべき処能々御注意下され、御帰朝を相待ち居り申し候」(『西郷隆盛全集　第三巻』)。

留守政府を預かる西郷にとって、これは本音であったろう。

だいたい、こういう実務が伴う具体的な問題は大久保が片づけてきたようである。ここでいう「貴兄御一人は数千万の人民目的にいたし」の数千万とはこのころの日本の人口に相当し、「人民目的にいたし」とは人民が頼りにしているということだろう。かつて薩摩藩で数十人の誠忠組の突出を命がけで止めた大久保は、いまや数千万の国民を相手にするようになっていたのである。

いや大久保その人の勇気は、こうした場面だけではない。慶応三年十月十三日に薩摩藩へ討幕の詔書が降ったとき、これを書いたのは正親町三条実愛だったが、その談話筆記がある。明治二十四年になって質問を受けたものであり、『大久保利通文書　一』に収録されている。

詔書の文案は岩倉のブレーン玉松操によるもので、正親町三条は「余ハ大久保ニ渡セリ中御門ハ品川カ廣澤ニ渡シタリ」と語っている。品川とは長州の品川彌次郎、廣澤は真臣のこと、そして、これを渡すときには幕府側も警戒しており、かなり危険な状況だった。

「勅書ヲ渡ス節ハ實ニ心配セリ中御門トモ此事漏洩セハ頭ヲ切ラルヘシト云テ咄シ居リシコトナリ余カ大久保ニ渡セシ時ハ幕府ノ近藤勇カ七八人召連レ余カ門前ニ待居タリヨリテ大久保ニ其事ヲ咄シ如何スヘキト言ケレハ大久保曰ク何モ恐ロシキコトハナシト云テ出テシカ實ニ心

配セリ夫ヨリ大坂ニ持降リシ此ハ幕ニテモ疑ヲ起シ會津ノ佐々木某カ跡ヲ追ヒ大坂迄下リシカ小松帯刀其書ヲ懐ロニシテ乗船セシ後ナリ」

このように臆病な公家たちと、新撰組の動きを気にも留めない大久保の態度が対照的である。西郷隆盛もそうである。こんな薩摩藩の重鎮の大胆な振舞いに、実は大山弥助（巌）が、西郷信吾（従道）とともに七連発のピストルを持って付いて回ったと回顧している。

かの小御所会議で王政復古がなった。そのとき警護にあたっていたのが大山巌である。

「今や、佐幕黨の輩が、到る所に横行して、西郷、大久保等を憎むこと蛇蝎の如く、動もすれば之を要撃せんとする形勢である。若し今日に到り、途上において、不測の變に遭遇せんか、われ〳〵が多年の苦辛艱難に依り、漸くその目的を達せんとするに至つた王政復古の大業も、忽ち水泡に歸し去るであらう」（勝田孫彌『甲東逸話』）。

しばらくして大久保が出て来ると、「足下、是から速に伊地知正治に命を傳へ、軍隊を繰出して宮門の内外を警衛せしめよ」と大山巌に伝えた。この伝令に伊地知は両手を振り上げて、「チエスト」と叫び、軍隊を繰出して宮門を固めたのである。

年が明けて慶応四年、正月の朝廷は戦々恐々としていた。「聖上小御所に臨御あらせられ、議定、参與等も、悉く參集したが彼處に三人、此處に四人といふが如く、三々五々寄り集りて甲東等に向つては、殆んど言語を交ふる者さへなく、満廷唯寂として聲無く、山雨将に到らんとして風樓にみつるの光景を現出したのであつた」。

しかし、前掲書の表現を借りると「凄惨なる沈默」はたちまちに破られた。官軍大勝利の報がもたらされた。「斯くて、形勢俄に一變して、朝廷一時に春めきわたり、先には甲東等に向つて殆ど言葉を交ふる者もなき有様であつたが、今や掌を飜すが如く、悉く甲東等の周圍に集つた」のである。

大久保の存在と右往左往する公卿たちの動きは、また悲しくも滑稽に人間模様を現出させた。公家と武家の違いという以上に、人間の性とでもいうべきものか。こうした公家たちの生態をかねて見ていた大久保は次の一手を打った。

慶応四年正月二十三日の大坂遷都の建白書は、もちろん遷都の建白であるが、その内容はこれまでの天皇の在り方、宮中の在り様についての鋭い批判が主体である。彼ほどの尊皇の志士が旧来の宮廷の実態を見透かしている。そして建白書は「今ヤ一戰官軍勝利ト成リ巨賊東走スト雖巣穴鎮定ニ至ラス」とまだ明治改元されぬ時期に素早く出されているのは、大久保はすでに混乱の中で考えを固めていたのだろう。

「是迄之通主上ト申シ奉ルモノ玉簾ノ内ニ在シ人間ニ替ラセ玉フ様ニ纔ニ限リタル公卿方ノ

外拝シ奉ルコトノ出來ヌ様ナル御サマニテハ民ノ父母タル天賦ノ御職掌ニハ乖戻シタル譯ナレハ此御根本道理適當ノ御職掌定リテ初テ内国事務之法起ル可シ」

これまでの天皇は玉簾の中に人形のようにいて、限られた公卿しか接しえないようでは、民の父母という天から与えられた職掌にもとるものである。この根本の道理に基づいた職掌を法によって定めなければならない。

この考えは「天皇ハ神聖ニシテ侵スヘカラス」という明治二十二年の大日本帝国憲法とはストレートに結びつかない。むしろ現行の日本国憲法の「天皇は、日本国の象徴であり日本国民統合の象徴であつて、この地位は、主権の存する日本国民の総意に基く」に近い考え方ではないか。ということは、大久保のこの建白書と明治憲法の間の約二十年間に何があったか、ということもまた興味をそそられる。大久保はこの間の十年は生存していたから、何かあったとすれば、その後の十年の出来事ということになる。

大久保の建白書はさらに言う。「主上ノ在ス所ヲ雲上トイヒ公卿方ヲ雲上人ト唱ヘ龍顔ハ拝シ難キモノト思ヒ玉體ハ寸地ヲ踏玉ハサルモノト餘リニ推尊奉リテ自ラ分外ニ尊大高貴ナルモノ、様ニ思食サセラレ終ニ上下隔絶シテ其形今日ノ弊習トナリシモノナリ敬上愛下ハ人倫ノ大綱ニシテ論ナキコトナカラ過レハ君道ヲ失ハシメ臣道ヲ失ハシムルノ害アルヘシ」

まことに正論である。第二次大戦後の今日においても、言葉づかいを現代風に改めれば十分に通用する。大佛次郎『天皇の世紀　十』(文藝春秋)は二二九頁で感嘆の記述をしている。「大久保の物にとらわれず冷徹に正しさを求める深い思慮が、よく顕わされている。それ以後に、これだけ言うひとは絶えて居なくなるのだ」と。

その生涯、大久保は護衛を付けていなかった。『甲東逸話』には前島密の話が載っている。明治七年の佐賀の乱で護衛も付けずに行くので、さすがに心配して注意したところ、こんな答えが返ってきた。「單身赴かうとしてゐるのである。余は天命の加護に依るのであつて決して護衛などの必要はない」と。こうして四年後の兇変を迎えてしまうことになった。

その佐賀の乱でも戦地に到着すると、すぐ戦線の近くに進んで行った。左右のものが注意したが、かまわず弾丸が飛んでくる堤防の上に立った。さすがに野津鎮雄少将が危険区域内に立ち入れないように引き留めたのだが、このときの沈着かつ豪胆な行動には周りが驚いた。

このときのもっと生々しい状況が佐々木克監修『大久保利通』の米田虎雄の話である。

「その時の大久保公の沈勇には愕いてしまった。ウムと一言いったと思ったら、ドスンと一足踏みしめて、弾丸の降る中を平気で歩き出した。馬は廃めて歩いた。火の燃える所までは半里もあるのに、別に走るでもなければ周章るでもない。平然としてドシドシ歩いている。時々足元や耳の辺へポツーンポツーンと弾丸が来るのではなはだ心持ちは悪いが、大久保公は平気なものであった」

そして野津と挨拶をすると、大久保は両腕を組んで戦況を見ている。ちょうど横に家があったのだが、隠れようともしない。砲丸が身の周囲にビュービュー来るのに、ビクともしないで眼も瞬かずに見ている。周囲が心配しても動かない。やっと野津が大久保の手を引っ張るように家の陰まで連れて行ったということである。

ちなみに、ここに出てくる野津鎮雄少将とは、前述した池辺三山のところで登場した人物である。佐賀の乱のあとの台湾出兵問題で大久保にからみ、「何じゃッチ、七左衛どん」と言われてすくんでしまった、あの七左衛どんである。

二　岩倉使節団

大久保の生涯には転機がいくつかあった。大別すれば、岩倉使節団の副使として米欧視察をして、その前と後だろうか。外見的にも後世の我々がイメージする髭面になっている。それを大久保の部下だった渡邊國武は第一段落と第二段落と見る。『甲東逸話』を引く。

第一段落とは「大久保さんの理想は、全國の政權、兵權、利權を統一して、純然たる一君政治の古に復するのが其重要目的であつたと考へられる」。それが米欧視察後の第二段落は、「富國強兵を實行するには、是非とも殖産興業上から手を下して、着實に、其進歩發達を圖らなければならない。建國の大業は、議論辯舌でも行かぬ、やりくり算段でも行かぬ、虚喝恐嚇でも行かぬ、權謀術數でも行かぬ、と大悟徹底せられた」という。

また安場保和は「余が驚いたのは、歐州米巡廻の旅行によつて公の人品が變化してゐたことであつた。從前は、只豪邁沈毅の氣象のみに富んだ人であつたが、巡廻後はそれに洒落の風を交へ、加ふるに其識見が大いに増進せるを感じたのである」。愛知県令だった安場は、大久保の帰朝後すぐに会いに行っての印象だった。さらに続きがある。

「初は全く政治の大體のみに心を傾けて、餘り些細な事には留意されない人であつたが、歸朝後は、我帝國をして宇内萬邦に對峙せしめんには、必ず富國の基礎を強固ならしめなければならないと語られ、施政方針は、專ら、教育、殖産、工業、貿易、航海等の事業にあつて是等を盛んに奬勵せられたのであつた」

一国の富のもとは何か。かつて大久保はビスマルクに会い、ドイツにならって日本のビスマルクたらんとしたと見られた。これは一面において当たっているだろうが、大久保が目指したのはドイツではなく、イギリスである。日本と人口、国土の面積があまり変わらないのに、なぜイギリスは隆盛を誇っているのか。

それは産業革命後の工業力であり、啓発された国民がいるからである。そんなイギリスを視察して、大久保は日本の国の在り方を「君民共治」とする意見書をまとめている。木戸の意見書は「君民同治」だが、ともに米欧視察の知見が基になった。木戸の意見書は征韓論政変前の七月に、大久保の意見書は政変が一件落着した後の十一月に提出されている。

そもそもこの意見書は閣議で政体取調掛を命ぜられた伊藤博文の参考のために、「立憲政体に関する意見書」としてまとめられた。伊藤は次のように語る（『大久保利通文書　五』）。

「征韓論ガ破裂スルト、政府ノ有力者ハ二ツニ分レテ、一半ハ朝ニ留マリ一半ハ野ニ下ツタ、ソノ時朝ニ殘ツタ人達ハ陣容ヲ立直シテ庶政ノ革新ニ努メテ居ルト、明治七年一月ニナツテ曩ニ征韓論ノ故ニ辭職シタ副島板垣ナドカラ、民撰議院ヲ起セト云フ建白書ガ出タ、トコロガ、コレヨリモ前ニコレニ類スル新制度ノ計畫ニ就イテ意見ヲ持ツタモノガ政府部内ニアツタノデアル」

それが木戸の「政規典則制定ノ議」であり、大久保の意見書なのである。木戸のいう「政規」とは後の言葉でいえば憲法のようなものである。自由民権運動は決して板垣退助の〝専売特許〟

ではなく、同時代の空気だったかもしれない。彼らから「有司専制」と非難された大久保も、実はその空気の中にいた。

そして伊藤は続ける。「明治六年九月、私ガ岩倉大使ニ附イテ歸朝シテ、制度調査ノコトヲ仰付ケラレルト、大久保大藏卿ハ憲法制定ニ關スル意見書ヲ認メテ送ッテ寄越サレタ」と語る。この時期は征韓論の渦中かと思えば、そうではない。

伊藤は政体をどうするか、の制度調査を岩倉から命じられている。大久保は参議でもなく、内務省もまだ発足していないから、大蔵卿である。その意見書は「殆ント一冊ニモナラウトスル程ノ浩瀚ナモノ」なので、以下は伊藤の話の「砕イテ言ヘバ」に聞いてみたい。

「憲法政治ハ今遽カニ實施スル譯ニハユカヌケレドモ、詰マリハソレニナラナケレバナラヌ、憲法政治ヲ施イテ國ヲ立テ、行カウト云フニハ、各國ノ政體ヲ見テモ君主トカ、民主トカ、ソレ〴〵ノ形體ガアル、ケレドモ、要スルニ、其ノ國其ノ時ノ人情風俗ニ據ツテ基ヲ立テタモノデアル、舊ニ由ツテ之ヲ墨守シテ行クコトハ國ヲ保ツ所以デ無イ」

目指すところは立憲政治である。視察した各国では君主や民主それぞれの形体があっても、その国その時代の人情や風俗があって定まるのである。決して古い伝統を墨守するようなものではない。まことにその通りの一般論ではないか。そこで日本の場合が問題となる。

「我國ニ於テモ時勢、風俗、人情ニ循ツテ政體ヲ建テナケレバナラヌ、維新以來宇内ヲ総攬シ、洽ク四海ニ通シ萬邦ト並立スルノ方針ヲ執ツテ來タケレドモ、其ノ政治ハ依然タル舊套ヲ固襲シ、專制ノ體ヲ存シテ居ル、此ノ體タル今日ニ存ツテハ、之ヲ用ヒザルコトヲ得ヌ、纔カニ藩制ヲ癈シテ郡縣トナシ、政令一途ニ出ヅルコト、ナツタガ人民ハ久シク封建ノ壓制ニ慣レ、千年ノ久シキ之レガ習性トナツテ居ルノデアルカラ、急劇ナル變動ヲ之レニ與フルコトハ勿論國ヲ保ツ所以デナイ、併シ將來ニ期スル所ハ我ガ人情、風俗、時勢ニ循ツテ立憲ノ基ヲ樹ツルコトデナケレバナラヌトイフノデアル」

日本は維新によって世界各国と対峙する方針をとっているが、その政治は依然として古いままの慣習が残り、専制の体制がある。これはもう通用しない。わずかに廃藩置県は実行できたものの、人民はあまりにも長い千年の封建時代の圧政が習性となってしまって、急激な変革は望ましくない。それでは、これからの日本はどうしたらいいのか。

大久保が将来に期待したのは時機を見て、憲法をつくり、それによって政治はなされなければならぬ、ということであった。大久保晩年の伴走者となった伊藤の話の結びを見よう。

「詰リ、漸進主義ノ立憲政治論デアツタ、世間ニハ大久保公ヲ目シテ壓制家ノ樣ニ思フ者モアルヤウダガ、ソレハ甚ダシイ間違ヒデアル、大久保公ハ早クヨリ立憲政體ヲ主唱サレタ有力ナ一人デアル、其頃封建制度ヲ癈シテ、王政復古トナッテ、マダ間ノ無イ所へ、今度ハ憲法政治ヲ持ツテ來ヨウトイフノデアルカラ、具合ガナカ〳〵六ヅケ敷イ、勤王論ト憲法政治トノ關係ヲ明瞭ナラシメルニハ憲法ノ力ヲ俟タナケレバナラヌ、大久保公ノ意見モ詰マリ、君權ヲ定メテ民權ヲ限ルト云フニ存ツタ」

大久保の論に、伊藤はその後の憲法制定までに努力した自らの姿をも重ねているのだろう。伊藤もこのころ軽々しくことを急ぐべきではない、と木戸と論じていたのだという。こういう素地があればこそ、明治八年、木戸と板垣退助を参議に復帰させる大阪会議が開かれたのである。もっとも急進派の板垣は浮き上がり、何と守旧派の島津久光に接近して、ともに辞任する。

そんな構想までしていた大久保ではあるが、実は近代文明に圧倒されて滞欧中に弱音を吐いている姿が記録されている。第一段落でも十分な働きをしてきた大久保にとって、これから日本をもう一度引っ張っていくのに気弱になったのか。『岩倉使節団回遊実記』をまとめた久米邦武がこんなことを言っている（佐々木克監修『大久保利通』）。

それも実に短い断片的のものであったが、バーミンハウに行く時の滊車の中では、突然話に「私のような年取ったものはこれから先のことはとても駄目じゃ。もう時勢に応じんから引く方じゃ」とこれだけ言われた。

鎖国攘夷の夢がやッと破れた日本から、急に欧州の文物を見て応接ごとに愕いたために、国事の前途を憂うる公にはいろいろの感慨が胸中を往来したことであろうが、この言葉を洩らされたから見ても、公の気持ちがよく分かるような気がする。


こんな弱気になった大久保に、それはアベコベだと久米は反論した。今日の我が国は「西洋でボーイと言わるるような若いものばかりでやっておるが」といったあと、例として白髪のかつらをも挙げて、「国内でも外国でも年輩の人でなくては国民が敬意を持たない。まして閣下の如きはこれからで、肝腎の仕事をしていただかねばならぬお年です。もし国へ帰って閣下がお退きになるようでは、この進歩の時代に当たって、いつまでもボーイの政治をやっていなければならぬから困ります」と。

これに対し、大久保は「財務はどうする」と突飛な問いかけをした。そこへ岩倉具視が口を差し挟んだ。「ナニ財務？　……イヤ久米の説が本当じゃ。今、年輩の者が退くのは道理じゃない」。しかし大久保は堅く唇を結んで黙り込んだ。結局、この場は岩倉と久米の二人だけの話になってしまった。久米はまた別の機会に大久保のこんな話を聞いた。

何の話の末であったが、感慨の面持ちをして、「自分は幕府を倒して天皇の政府になそうと考えた。そして、その事業もほぼ成って我々のやることだけはやった。しかし、後はどうも困る。こうして西洋を歩いてみると、我々はこんな進歩の世には適しないシビリゼーションには全く辟易する」ということであった。これで見ると、この世の中は後は人に譲ってしまうつもりでいられたらしい。

こうした一時の気迷いがあったことは確かだが、どこかで本来の大久保に戻った。大久保は米欧視察中に圧倒されてばかりいたわけではない。ロンドンでは木戸とともに貧民窟をも見ている。米欧のときめく文明の裏面には陰もあり、彼らはどこも変わらぬ人間社会を見ていた。

これより三百年ほど前、イエズス会の巡察使ヴァリニャーノは天正少年遣欧使節を送るにあたって、ヨーロッパ文明の暗部を見せないように指示していた。少年たちは輝かしいヨーロッパを見せられた。それでも千々石ミゲルのような背教者が出た。まして彼ら明治の遣欧使節は十分に成人であり、また当時の日本では最高レベルの指導者たちであり、欧米の水準でも決して甘くはない人物たちであった。

そのころのヨーロッパでは、大きな動きが胎動していた。カール・マルクスとフリードリヒ・エンゲルスの『共産党宣言』は一八四八年二月末にロンドンで公刊された。「ヨーロッパに幽霊が出る――共産主義という幽霊である」という有名な書き出しは世界を駆け巡った。日本ではちょうど嘉永元年にあたり、ペリー来航はこの五年後の嘉永六年のことである。岩倉使節団がヨーロッパを訪れたとき、マルクスとエンゲルスは存命しており、有名なパリ・コミューンを抑え込んだティエールとも一行は会見している。

この共産党宣言の中には、まるで日本の近代化の苦悩と軌跡をそのまま予言したかのような言葉があることに注目したい。第一章の「ブルジョワとプロレタリア」に登場する。ここでいうブルジョワ階級とは、エンゲルスの註で「近代的資本家階級を意味する」(大内兵衛・向坂逸郎訳)のであり、次のような記述である。

「かれらはすべての民族をして、もし滅亡したくないならば、ブルジョワ階級の生産様式を採用せざるをえなくする。かれらはすべての民族に、いわゆる文明を自国に輸入することを、すなわちブルジョワ階級になることを強制する。一言でいえば、ブルジョワ階級は、かれら自身の姿に型どって世界を創造するのである」

世界史をどう認識するか。それは種々様々である。日本では明治維新がブルジョワ革命なのか、その前段階なのか、という労農派と講座派の論争があった。そんなことはどうでもいい。まさに『共産党宣言』にあるこの言葉の重みを噛み締めるだけで十分である。

実際、この『共産党宣言』はこのあと世界各国語に翻訳されていき、日本では明治三十七年（一九〇四年）、つまり日露戦争の年に堺利彦、幸徳秋水の二人によって『平民新聞』に掲載された。そのころ「滅亡したくない」日本は文明開化、すなわちブルジョワ階級の路線を突っ走っていた。そもそもの始まり、ペリー来航の衝撃から半世紀後である。大きな世界史のうねりの中に日本の幕末維新はあった。

米欧の文明に直接ふれてきた岩倉使節団の面々は、帰朝後、征韓論政変に直面した。そして結局のところ、その後の政権を担当する。その人材配置も薩長土肥だけではなく、旧幕臣から多数採用したのは使節団の構成と重なりあってくる。このときの征韓論を退けて内治優先とした新体制は「富国強兵」「殖産興業」のもと、強力な内務省を設立して大久保が卿としてトップに立つ。それとほぼ同時に起きたのが佐賀の乱である。

明治七年一月、あの民撰議院の建白書に署名したばかりの江藤新平は、周囲の反対にもかかわらず帰郷して、地元の「征韓党」に担がれる。このころの不平士族の抵抗は、言論によるか、実力によるか、の二通りの手段があるが、江藤はこの二つともに参画した。

ついこの間までは参議、司法卿でもあった。こうした人物の反乱に、政府は内治を職掌とする大久保内務卿が素早く対応する。大久保と江藤は、岩倉使節団の以前から太政官政府の制度づくりのために緊密な関係を持った時期がある。江藤が素案を出し、大久保が構想を固めていく。その当時の大久保日記には「江東子入来」など〝江東〟の名前がよく出てくる。

佐賀の乱は江藤の梟首によって終わる。この裁判では江藤の様子を「江東陳述曖昧、実ニ笑止千万人物推而知ラレタリ」(四月九日)、「江藤醜体笑止ナリ、朝倉香月山中等ハ賊中ノ男子ト見エタリ」(四月十三日)と、大久保は日記に書く。ここに来ても、大久保は〝江東〟と〝江藤〟を混同して書いており、この辺は個人の日記だから無頓着なのである。

「笑止」と出てくるところは、江藤新平を主人公にした本で大久保の憎々しい感情表現として描かれる。また梟首はやり過ぎである、と。ただし江藤が助けを仰いだ西郷も、兵を捨てて逃げてくるような将には、と大久保同様に厳しい見方をした。板垣退助も、武人らしく、戦いに敗れるとはそういうことであるという受け止めをしている。

実際、裁判での江藤の態度には覚悟の姿勢が見られず、その好対照が「賊中ノ男子」である。帰郷前の民撰議院建白書は言論の戦いだから、まず命をとられることはない。しかし、佐賀で征韓党として武力で乱を起こしたら、戦闘中に生命の保証はなく、負けた場合の覚悟も必要である。それが江藤は兵を捨てて鹿児島の西郷に助けを求めに行く。西郷であれ、大久保であれ、薩摩の士族にとっては「笑止」であり、人物は推して知られるということである。

佐賀の乱で江藤新平はもう一人の首謀者島義勇とともに梟首となり、その写真は現在でも見ることができる。それを大久保が内務省に飾らせたという話がある。この話が歴史本に記載されるとき、必ず「という」「いわれる」の伝聞である書き方がされる。

管見ながら、出典を示した例は見たことがない。事実のように断定した書き方は、佐木隆三『司法卿江藤新平』（文春文庫）である。五〇頁にあるのは「参議兼内務卿の大久保利通は、内務省の応接間に、さらし首の写真を掲げたまま、なかなか取り外そうとしない」といった調子の記述である。もっとも、これは小説だから、との言い訳はできなくもない。

しかし写真を誰が撮ったのかはともかく、写真が内務省に掲示されたのは事実のようである。熊谷県令だった河瀬秀治は明治七年一月、内務大丞に任じられた。翌二月、佐賀の乱は起こった。斎藤一暁『河瀬秀治先生伝』には「大久保は江藤斷罪後に其の梟首を寫眞に撮り、是を各官廳の玄關に掲げせしめたのである」と、この話が出てくる。

これに河瀬が写真掲示は止めるよう大久保に諫言したというのは本当か、と著者は質した。すると、本人が答えた。「あゝそん事なもありました。あの事に苦情を言ふたのは、私と副島（種臣）と二人だけのやうでした」。ここでいう「あの事」とは写真の掲示をしたことを指すのであり、ここでようやくそれまでの〝ハナシ〟が〝コト〟になったわけだ。

問題の写真は誰が撮ったのか。町中で売られていたなら民間の業者ではないのか。官庁に掲げたというのは応接間か玄関か。それとも日常業務に使う掲示板か。写真掲示説にこだわるのなら、その真偽は案外とつかめそうである。佐賀の乱の事後処理報告に市販写真が含まれていても、ある意味、役所の仕事として当然のことではないのか。

旧内務省に、そうした資料はあるのかないのか。この写真掲示問題ははじめから噂が独り歩きしており、講談師伊藤痴遊が面白おかしく語っていても、まっとうな研究や史料は見つからない。前掲書のそれらしい記述だけでは、十分な裏付けとはいえない。ドナルド・キーンが『明治天皇　上巻』で注釈として三九三頁に「私（キーン）は、佐木がこの情報をどの資料から得たのか知らない」と書いているのは、当たり前すぎる指摘である。

内務卿となった大久保は、佐賀の乱に続いて台湾出兵問題が起こり、東京では留守中に左大臣となった島津久光の横やりに辞表まで出す始末となる。こんな時期に江藤一人に対する個人的な憎しみをかきたてるために、裁判後の始末まで細かい指示を出していたのかどうか。

台湾問題は、大久保が全権弁理大使となって北京へ交渉に行くことになった。このあたりについては征韓論政変も絡めて、清沢洌『外政家としての大久保利通』という名著がある。冒頭に「いい政治家はまたいい外交官である。一つの幹の外に対ぅ面は外政であり、内に対するものは内政だ」という清沢は、大久保の藩士時代からの藩外の折衝、つまり外交に「対手と場合によって体当り的な策略をなすことを辞さない」と例をあげていく。

第一に挙げられるのは、前節で見てきたように「盟友に対しては、自己の死をかけてその主張を貫徹した」ことである。第二は「大久保は対手が弱いと見れば威嚇する」。薩英戦争の金銭的始末を、イギリスより弱そうな幕府に押し付けた。第三に「大久保のとった外交手法は、奇計的な策略だ」。長州再征問題で薩摩藩に出兵を乞ぅ閣老板倉伊賀守勝静に対し、大久保は耳聾を患っていると言ってはぐらかし、断固拒否した。

つまり身命を賭すことから大芝居までできる。そして用意周到である。北京に向かうにあたって、和戦両様の構えをとる。大久保自身の身命を賭すところに相当するのは、海外出師の議だろう。「夫レ兵ハ凶器戰ハ危事ナリ固ヨリ我カ欲スル所ニ非ス」（『大久保利通文書　六』）。ここには大久保らしい、肝のすわった透徹した論理を読みとることができる。

「然レドモ理勢既ニ此ニ迫マリ兵權以テ彼ヲ壅制スルニ非レハ何ヲ以テ彼ノ驕氣ヲ破リ又、帝國ノ帝國タル所以ノ體ヲ立ツルコトヲ得ンヤ且試ニ彼我ノ利不利ヲ以テ之ヲ言フトキハ卽チ今日國論ヲ戰ニ決スルヤ終ニ不戰ニ歸ス若シ今日國論ヲ不戰ニ決スルヤ終ニ戰ニ決ス、其故何ソ哉今日戰議一決シ現兵急進海陸并迫ル彼兵備未タ充實セス周章狼狽爲ス所ヲ知ラス遂ニ彼ヨリ和ヲ請ヒ罪ヲ謝スルニ至ラン」

いま戦争と決めれば、結局は戦争にならない。なぜなら、兵備がまだ充実していない敵は慌てて和を請うからだ。不戦と決めれば、結局は戦争となる。その間、敵も兵備を整えてくるからである。

こうして大久保全権弁理大使は軍艦に乗り、軍楽隊の奏楽とともに天津へと船出した。あまり注目されないことだが、大久保の周囲にときおり音楽が登場する。八月二十二日に呉淞で龍驤艦に乗ったとき、その日記に「甲板上ニ至レハ兵士整列樂ヲ奏シテ禮式ヲナス例の如シ」と書く。例の如し、とはこのときだけではないという認識である。大久保は、この北京談判から帰国したあと、一万円の御下賜金をもとに借金して洋館を造った。明治九年四月十九日は「天皇親臨海軍軍樂隊樂ヲ奏シテ祝シ奉ル」と、また海軍軍楽隊の記述が出てくる。

邦楽の話もある。『勤王秘史佐佐木老候昔日談　二』には「既に薩と妥協したからには、一ツ懇親を結ばうじやないかといふ事になつて」と、大久保、小松帯刀、吉井幸輔らが土佐藩の後藤象二郎、福岡孝弟らと酒宴を催した。「後藤が氣を利かせて、娘義太夫を呼んで一段語らせた處が、へたもへた頗るへたで、一同クス〳〵笑ひ出す。眞面目の大久保さへもトウ〳〵吹出すといふ始末」。仕事一途と見られる大久保も決して無粋ではなく、義太夫の下手さ加減がわかったようである。

さて天津には直隷総督李鴻章がいて表敬訪問するのが外交の慣例となっていたが、あえて無視する。北京での談判は、例によってノラリクラリと長引く。大久保も決裂を覚悟して帰国を通告するが、イギリス公使の仲介によって、清国が償金を出すことで決着した。

帰路、天津ではようやく李鴻章を訪問した。この日の大久保日記は、珍しく高揚した気分にみちあふれている。

注目しておきたいのは、台湾出兵では西郷従道が都督となり、鹿児島の兄隆盛も約三百人の徴集隊を送っていることである。米紙特派員の資格で従軍したハウスが観察している彼らは、三年後に起きる西南の役の何かを物語っているようである。清沢の前掲書から引く。

「彼等は武名に対する熱心な希求者であって、機会だにあらば常に第一線に立つことを決意しており、またそうした機会が自然に起らなければ、これを作りあげるのである。彼らを与えられたる一定の行動の規律内に拘束し置くことは不可能であるかに見えた」

北京から帰国した大久保は、すなわち「国内安寧」「人民保護」の内務省は、外交上の問題をひとまず片付けて、次々に本来の殖産興業の諸策を打ち出していく。

大久保はまた国家構想の実現のために建議や意見を提出する。家禄奉還中止の建議、勧業寮定額見込み書、海外直売の結社設立の建議、国本培養の建議、貸付局・資本手形発行建議などだが、『大久保利通文書』で読むことができる。

この中では明治九年二月の建議によって、西南の役がまだ終結していない翌十年八月二十一日、東京で第一回内国勧業博覧会が開催されている。

西南の役の直前に、大久保は地租改正に反対する大規模な農民暴動に向かい合った。これには地租を三パーセントから二・五パーセントにして、その分の歳入減には内務省が率先して行政改革を断行した。歳入が減れば歳出を減らす、こんな当たり前のことができる。明治以降、当たり前でなくなってきているのは、決断と実行の精神がないだけの話だろう。

明治九年には、あの朝鮮問題が決着した。征韓論政変後に、大久保と大隈は、江戸時代からの経緯を踏まえて対馬の宗氏を通じて交渉をすることとしていた。しかし、台湾出兵問題が喫緊の課題となって実施できず、結局は江華島事件によって日朝修好条約が結ばれる。軍艦六隻による砲艦外交であり、朝鮮の立場はわずか二十年前の日本だったのではないか。このあと江戸時代の通信使と同じように朝鮮修信使が東京に来た。大久保は東北巡幸の下見に行っておおり、直接の接触はない。ただし、手紙のやりとりの中から彼らの様子はつかんでいた。

このような大久保政権の政策実行に焦りを隠せないのが士族階級だった。廃刀令、秩禄処分によって特権はなくなった。神風連の乱、秋月の乱、萩の乱が次々に起きては次々に鎮圧された。そして明治十年になる。ついに西南の役が起き、翌十一年に大久保は西郷の死と差し違えのように暗殺されるのだが、次章に譲りたい。


大久保の死はヨーロッパでも速報された。日本の新聞は翌五月十五日付で報じたが、イギリスの新聞は一日遅れで掲載している。この時代、すでに日本からヨーロッパまで海底ケーブルが通じていたのである。一八七八年五月十六日付ロンドン・タイムズは哀悼文を掲げた。

「(前略) 昨日は日本の首相大久保氏が参朝の途上六名の刺客に暗殺せられしと聞けり氏は日本維新の鴻業に與りて大に力あり殊に平生改進を主張して舊弊を洗除し又客歳の内亂を鎮定せし功臣の一人なれば其舊習家の憎みを受くること甚しく封建黨は皆その舊敵の首長を斃すは氏を殺すにありと思へり」

「抑も暗殺に由りて其意を達せんとする者歐洲に在りては過激粗暴の改革黨たり日本に於ては頑愚固陋の舊弊家たり爲す所同ふして欲する所の異なるは豈に奇ならずや大久保氏は

一八七三年歐洲に來れり其豪邁正直にして度量の大なる見識の高き今に至るまで人猶其風采を追想せざるものなし氏の死は日本全國の不幸と謂ふべし」(『大久保利通文書　九』)

この記事に出てくるヨーロッパでの大久保はいまも視覚的に確認できる。フランス大統領ティエールと会見したときのイラストが残っているのである(『ル・モンド・イリュストレ』一八七三年一月四日号)。日本側とフランス側はなぜか身長があまり変わらないように見えるが、左から五番目の大久保は日仏双方を比べても一番長身に見える。それに髭面でもある。フランス人画家の目にも、名前は知らなくとも大久保の存在は明らかであった。

大久保の生涯を、米欧視察の前と後で第一段落と第二段落と分けるなら、西南の役のあとは、さらに第三段落とすべきか。大隈重信はそれまで「吾が輩の知っている大久保は、いつも沈んだ考え深いような人でもあった。しかるに、これが苦労のためにそうであったと知ったのは、十年の戦争が済むと、二十年の苦労がようやく晴れたという面持ちになり、急に打って変わって言うこともハキハキしてきた」と語る(佐々木克監修『大久保利通』)。

「かつて伊藤(博文)とおれとを呼んで、今までは吾が輩はいろいろの関係に掣肘されて、思うようなことができなかった。君らもさぞ頑迷な政事家だと思ったろうが、これからは大いにやる。おれは元来進歩主義なのじゃ。大いに君らと一緒にやろう。一つ積極的にやろうじゃないか、と言った風の話で、盛んな元気であった。しかるにだ、この満々たる元気をもって政治に当たり、ようやく実力も権力も大いに振るおうという時になって、あの暗殺だ。大久保が初めて愁眉を開いて、志を得た間はわずかに八ヶ月、二十年の大苦辛になんら酬いられるところなく、ただ八ヶ月のみ安らかな思いをして死んだのだ」

三　言論人の嘆き

大久保利通と言論、といえば讒謗律という言葉が反射的に思い浮かぶだろう。讒謗律は、自由民権運動に対する言論弾圧の始まりという歴史の位置づけをされている。

しかし、その第一条は「凡ソ事実ノ有無ヲ論セス人ノ栄誉ヲ害スヘキノ行事ヲ摘発公布スル者之ヲ讒毀トス。人ノ行事ヲ挙グルニ非スシテ悪名ヲ以テ人ニ加ヘ公布スル者之ヲ誹謗トス」である。この趣旨は刑法の名誉棄損罪として生き続けているから、実は真実と報道をめぐる今日的な問題でもある。

明治初期のジャーナリスト末廣鐵腸は明治八年四月に新聞記者となった。曙新聞社の主筆であり、ちょうど大久保内務卿と向かい合った時代を実際に知っている。当時のジャーナリストといえば、福地源一郎、成島柳北が活躍していた。末廣が新聞界に入って間もない六月に政府の新聞紙條例、讒謗律が出された。

末廣は『新聞経歴談』でこのときのことを「我々記者に取つては實に晴天の霹靂にてありたり。固より其後改正になりたる條例に比較すれば左まで嚴峻と云ふ程にてもなけれども、是れまで全く自由なりし言論に束縛を加へられし事なれば、我々はさながら林禽ノ籠に入り勝手に馳騁せし野馬の櫪中に押し込られし想ひありたり」と語っている。

それまでは幕末維新の混乱の中にあっても、いやそれ故に野放しだったというべきか、全く言論の自由があったというのである。「別して維新來文字の獄は絶えてあらず、世人も新聞紙を以て政事上社會上の弊害を矯正するに必要なる者に感じ夫の諫鼓に比せし程なりしに、突然にして法律を設け言語に従事する者を禁獄罰金に處する事となりし故、其驚愕一方ならず、始皇の書を焚き儒を坑するの轍を履む者なりと評する者さへありたり」。

実際問題として当惑したのは、どのような記事が引っかかるのかということであった。讒謗律にどう対応するのか。「當分は各社の紙上に往々論説なく偶まに記載する文章は極て單短にて意味なき文字のみを臚列せり」ということで、「是に於て新聞記者の聯合始まれり」。福地や岸田吟香らと協議して、銘々がそれぞれの部門で原稿を書いて、「夫れをその筋に出して指定を請ふべしと云ふ事になり、因つて次會には一同思ひ〳〵に草稿を持參せり」。

それらは例えば、このたびの讒謗律は貴重な言論の自由と両立しないので速やかに廃止せよと書けば成法誹毀にあたるのか、裁判官某氏はあまり法律に詳しくないので判決に訴訟人が迷惑していると書けば官吏侮辱になるのか、専制政治では我が国の安寧を維持できないので速やかに民撰議院を設立すべきだ、と言えば政体を変換する議論と見なされるのか。

こうして集まった疑問は、「岸田吟香氏主任となつて夫れを編輯し、各社編輯表の連印を以て政府に出せり」。末廣はこのときのことを「今より考ふれば如何にも法律思想に乏しく誠に馬鹿々々しき事なれども、當時の才子學者を以て自ら任する有名の記者達が會議を開き、有ん限りの智慧をしぼりし上に遂に此の處に出でたるに可笑し、亦新聞社會の幼稚なりしを見るべきなり」と振り返る。その結果は「此の紙面は指令するの限りに非ずとて却下されたり」ということになった。

どうして政府が突然に新聞紙條例、讒謗律を出したのか。ときは明治八年という時代背景にあるようだ。「前年副島板垣の諸氏が民撰議院の献言を爲せしより國民は參政權を得るの熱心を增加し速かに國會の開設あらん事を希望し、當時の慣用語にて云へば新聞社の多數は所謂急進論に傾き、政府の意思を代表して漸進論を主張する者は一の日々新聞あるにすぎず。各社其論鋒を一にして政府を攻撃し時には頗る激烈の議論ありたり」。

その中にと名前を挙げられているのが、「一ケ月数回發兌する雑誌」評論新聞である。この『新聞経歴談』は明治二十年以降に書かれ、末廣の死後の明治三十三年に発行されたので、このときの記述であってもその後の歴史をも踏まえている。

評論新聞とは、の記述が続く。「其の社長は鹿児島人にて十年の役に西郷に通じて禁錮せられし海老原穆氏が社主となり、横瀬文彦氏編輯を擔當し、其の社は實に長州派に反對する者の梁山泊なり。(因に記す明治九年の秋に至り此の雑誌に最も激烈なる革命論を掲げ一萬部以上を鹿児島に頒布し非常に人心を激昂せしめ夫の大戰争の導火線となりたり。)」と、鹿児島の情勢にふれている。評論新聞は毎号「内閣を攻撃し餘力を遺さず」、とくに尾去沢鉱山の問題で井上馨や関係者の秘密を摘発して、これが最も直接的に政府の注意を呼び起こしたと末廣は言う。

そして鹿児島の動きも視野に入れなければならない。「且當時我が國内を視れば鹿児島には私學校の團體あつて何時破裂すべきを知らず。不平士族は天下に充滿して兵亂の起るを待つ勢あれば、新聞紙の漸く勢力を増加して人心を煽動するは政府の最も危險とする所なり」。これについて学者の献言もあって、政府は新聞條例を制定するに至ったとの推定である。

また讒謗律は、ある小新聞が某華族の身上について名誉を傷つけたことがあり、当時の「洋行帰り」の団体が献言したのを容れ、政府は新聞條例とともに頒布したという。

末廣自身は急進論だが、現代でいうところの公共の福祉もわきまえていて、「今日より之を論ずれば政府が此の處置を取りしは幾分か治安を維持するの道に於て已を得ざるもの有りしならん」とは考える。それにしても、このあとが大変なのである。

「然れども其後言論に對する取締は最も峻嚴を極め操觚者の罪を得るもの幾百人を以て数へ、殊に十六年の改正條例に至つては一層嚴重となり、我々をして殆んど言論の餘地なきを感ぜしめたり。之に加ふるに十九年に行政權を以て新聞紙の停止禁止を行ふことゝ爲せし以來新聞紙に從事するものゝ困難は殆ど名狀すべからざる者あり」という事態になっていく。

『曙新聞』の末廣は、こうした政府のやり方に憤激して筆鋒はますます鋭くなった。そしてある日、裁判所に召喚されて、ついには禁獄罰金を宣告された。が、東京府には禁獄人を置いておく場所が目下ないので、自宅禁錮ということになった。

そのうち末廣は成島柳北の『朝野新聞』に移る。柳北は旧幕臣であり、才人であった。今日でいういわゆる軟派と見られていた。末廣もたしかにそう思うところもなきにしもあらずと書いているが、いっしょに獄中生活をするうちに、これは「侮るべからざる人物」であることを知った。

柳北は「灑々落々として毫も平生に異ならず」で、出獄すればしたで「元來綠酒紅燈の遊びを好み毎夜必らず酒樓に上り飮めば必らず妓を聘するを以て常とす」という。こうした柳北の人となりは、兄弟の孫である名優森繁久彌とはやはりどこか血が繋がっているようである。

論説を担当していた末廣もだんだん慣れてきて、しまいには「日中には家に歸りて午睡し夜は往々成島氏に誘はれた酒樓に醉倒せり。而して此の如きは獨り朝野新聞のみに非らず、各社とも殆ど大同小異にてありしなん」というから、当時の新聞界の様子がうかがえる。

明治九年、末廣は「歲末に當り余は一の論説を草し、西南に當り颶氣の天に橫はるを見れば必らず遠からずして大風暴雨を引き起すべきを論ぜしに、世人は多く之を信ぜず、當局者に於ても之を認めて妄となすに至れり」と来るべき波乱を予感していた。「蓋し當時鹿兒島に於て禍亂の破裂せんとする兆候ありたれども、世人は多く西鄉氏の必ず少年血氣の徒を制して其事を起さしめざるべしと想像せり」という雰囲気であったようだ。

末廣はどうして、こんな見方ができたのか。「朝野新聞の早く之を偵知せしは余が鹿兒島黨の耳目たる評論新聞社に出入し竊に其計畫の在る所を聞き知りしを以てなり。十年二月に至り果して夫の大亂を卷き起せり」。ここで西南の乱はまた新聞各社の競い争う場となった。

『朝野新聞』は成島柳北が自ら赴いた。しかし戦地ではなく、行在所の京都に行って、当局に届いた報告をきいて原稿にした。そして祇園の歌舞や鴨川の景色などを書いてくるので、他社には甚だしく後れを取った。新聞の戦地報道は警視庁からの注意ものかは大々的に誇大に書きたて、誤報も少なくなかった。

これを末廣は「思ふに今日の政府ならしむれば原稿の檢査を爲すか否らざれば續々と發行停止を命ずるに相違なし。然るに當時は或る場合に於て社員を呼び出して正誤又は取消しを命じたる事あれども當局者は毫も新聞の記事に干渉することあらざりしなり。思ふに鹿兒島の戰爭未だ平定に就かざるに已に東京に於ては大博覧會を開きしが如き以て當局者の氣象如何を窺ひ知るに足れり。余は此記事を草するに當り大に今昔の感に堪へざるものあるなり」と書いた。つまり当時とは大久保の時代、今日とは明治二十年代のことである。

明治十一年五月十四日。大ニュースが飛び込んできたその日は、ある意味で新聞にとっての記念すべき日になった。その朝の様子を末廣は子細に書いている。

「探訪者は遽てゝ歸り來り先刻紀尾井坂に於て大久保内務卿の登閣を待ち受て刺殺せし者ありと報ず。是は容易ならざる事なりとて社員を四方へ派遣する内に大封の郵便到着せり。開いて讀めば島田一郎以下刺客の姓名を掲げたる斬姦狀なり。美濃紙に楷書にて十行二十字詰めに記し廿枚内外ありたり。其議論激烈にして紙上に記載する事は思もよらず且容易ならざる書面なれば、速かに其筋へ届け出づべしと社中の評決一決したるが、歴史上の材料ともなるべき者なるに因り副本を留め置かんとてと綴目を離し社員に分て急に寫し取りし上人を馳せて本書を警視廳に差出せり」

しかし翌日になって『朝野新聞』は発行停止となった。「余の記憶する所によれば、明治八年の新聞條例には發行停止及び禁止の條なし」であるのに、どうしたことか。

たしかに過激な評論新聞社は雑誌であるから「屢々停止又は禁止の不幸に逢ひ遂に幾度も改題して發兌せり。然れども日々發兌する新聞紙を停止する事は曾て無かりしに大久保内務卿の暗殺せられたる翌日は實に新聞紙に於て災厄を蒙むる紀念日となりたり」。

政府内に探りを入れると、どうやら大久保暗殺を桜田門の井伊大老と比較した成島柳北の記事が当局を刺激したらしい。また斬姦状が『朝野新聞』に届いたことは島田らと主張が投合するものであり、届け出が遅かったうえに指紋があちこちに付いていたのは謄写したに違いない、と見られた。成島の記事はむしろ大久保を弔う記事なのであって、結局は紙面以外のことで処分されたことになる。

末廣は嘆く。「然れども是を手初めとして發行停止は大流行となり、殊に朝野新聞に至りては毎年停止に逢ふもの幾回なるを知らず」、ついには『朝野新聞』の衰運を招く一因となった。

「抑も新聞紙に向つて峻嚴の法律を施行せしは實に大久保氏の内務卿たりし時にありしを以て、我々も痛く同氏の政略に反對し、其暗殺せらるゝに及び或は政府が新聞紙に對する方針も一變するならんと想像せしに、其結果は全く反對に出て新聞社の續々として不幸を蒙るを以て却つて大久保内務卿在世の時を追思するに至れり」

一方、大久保なき内務省では、後継者たちの醸し出す省内の空気があまりにも異なってしまったことに嘆きの声が漏れる。大久保暗殺の教訓でもあるが、政府の高官たちには護衛が付くようになった。このことは新聞に対する対応とどこか通底するものが感じられる。

林董はこのあたりの空気を「官界生活の激変」として、次のように書いている（『後は昔の記』東洋文庫版）。「征韓論の際より明治十一、二年頃まで、政府官界の生活の模様は極めて質素なる者なりしが、西郷滅びて鹿児島の私学校党断絶し、十一年大久保侯兇手の刃に斃れしより、目の上の瘀瘤の去りし心地して、廟堂の大官等は、別荘を築き、庭園を作り、婢妾を蓄え、書画骨董を玩び、休日には昵懇の人を集めて饗莚を張る等、漸く驕奢の風を長じ来りたり。終には種種の弊害を生ずるに至りしことは、後に述ぶべし」。

言論人といえばルソーの民約論を紹介した中江兆民は、かつて大久保の馬車を狙っていたということでは島田一郎と変わらない。その恰好は「蓬頭垢衣」というからモジャモジャ頭にきたない衣服。門前払いされても当然である。あきらめない兆民は馬丁と仲良くなり、馬車の大久保を狙った。これは幸徳秋水『兆民先生・兆民先生行状記』から引用したい。

「先生久しく外遊の志を抱き、故大久保利通公に謁して請ふ所あらんとす。閽人先生が蓬頭垢衣の寒措大なるを見て、拒んで容れず。先生乃ち日々衙門の前に遊びて、公の馬丁と親狎し、相図つて其退庁に乗じ、車後に附攀して往く。公車を下るや、急に進んで刺を通じ、坐に延かるゝを得たり」

服装も威儀もきちんとしている大久保は、何と見ず知らずの小汚い青年を馬車の隣りに座らせた。そこで青年は喋るわ喋るわ、周囲を黙らせるといわれた威厳をもつ大久保にも怖気づいていない。しかも言うことには筋が通っており、質問されても臆せず答える。

「先生乃ち政府の海外留学を命ずる、之を官立学校の生徒に限るの非なるを論じ、自ら其学術優等にして、内国に在て、就くべきの師なく読むべきの書なきを説きて、其選抜を乞ひ、且つ曰く、同じく国民にして同じく是れ国家の為也、何ぞ其出身の官と私とを問わんやと。公莞爾として曰く、足下土佐人也、何ぞ之を土佐出身の諸先輩に乞はざる。先生曰く、同郷の夤縁情実を利するは、予の潔しとせざる所也、是れ将に来つて閣下に求むる所以也と。公曰く、善し、近日後藤、板垣諸君に諮りて決す可しと。後藤、板垣二君亦為めに斡旋する所あり、幾くもなく司法省出仕に転じ、仏蘭西留学を命ぜらる。時に明治四年、先生歳二十五」

念願の留学を果たした兆民のフランス滞在中にもエピソードが沢山あるが、帰国して律儀にも大久保に挨拶に行き、報告をした。大久保はじっと聞いていた。ところが、兆民には聞いているのか聞いていないのか分からず、しかも大久保は眠っているように見えた。

そこで兆民は憤慨して声を張り上げた。『甲東逸話』によると、大久保に「私は官命を拝して、遠く欧洲に赴き、今や螢雪の功を終へて恙なく帰朝したのであります」と言い放った。

それだけではない。詰問した。

「今日先づこゝに參邸して、邦家のために聊か學び得たる所見を述べ、閣下の清聴を煩さんとするに當り、眠に入つて相對せらるゝが如きは、甚だその意を得ざるところであります」

ここで目を開けたのだろう、大久保は答えた。

「否々、予は決して眠つてゐるのではない。君が熱心なる意見を聴取するに當り、目を開き、端座して相對するよりは、君に腹臓なく萬腔の所見を十分に陳述せしめんと思ふがために、殊更に目を閉ぢ、逐一傾聴してゐるのである」

兆民は思慮の浅かったことを恥じ、大久保の厚意に感謝しつつ、喜んで悉く報告をして帰った。司法省への出仕を命じられたのは、それから間もなくのことであった。しかし、彼が本領を発揮したのは官界を辞めてからのことであることはいうまでもない。

さて〝東洋のルソー〟こと兆民の大久保評である。晩年の『一年有半』から引く。「権略、是れ決して悪字面に非ず、聖賢と雖も苟も事を成さんと欲せば、権略必ず廃す可らず、権略とは手段也、方便也、但権略之を事に施す可し、之を人に施す可らず、正邪の別、唯此一着に存す」。ここでいう事に対する権略の例として、忠臣蔵の大石良雄を挙げている。逆に人に対する権略は織田信長、明智光秀……。

それで「権略事に施す如きは、多々益々善し、事を成す正に此に在り、是れ殆ど方法順序と曰はんが如き者」であり、広く世界の人物を見渡す。「仏のリセリユー、コルベール、チエール、英のピット、ロバートピール、グラッドストーン、独のビスマーク、意のカヴール、支那の諸葛亮、曾国藩、我邦の徳川家康、大久保利通、是等を大政事家と謂ふ」。

「大政事家の為す所は、一定の方向有り、動す可らざる順序有り、光明俊偉の観有り、其言ふ所は即ち其行ふ所にして」とは大久保そのもの、「大政事家は皆恐懼惕若の状有り、小心縝密の態有り、其衷情真面目なるが故也」も謹厳で真面目な、まさにその人である。

また兆民も加わった岩倉使節団がロンドンに行ったときのこと、大久保が英公使パークスと馬車に乗っていると、野狐が飛び出した。パークスは急に日本人の真似をするかのように柏手を打って、大久保を見て笑った。この話に兆民先生、「蓋し我邦人の稲荷を祭るを以て、パークス之を愚弄して乃ち爾る也、夫れパークス何人ぞ、其大久保公に比して主人と奴隷とのみならず、而して猶ほ此くの如し」と怒っている。

明治二十四年の『自由平等経綸』四号の「凡派の豪傑非凡派の豪傑」と題する社説で、兆民は大久保をとりあげた。「世の豪傑には凡派の豪傑と非凡派の豪傑と有り、我明治中興の代に於て故大久保内務卿は凡派の豪傑と謂ふ可き歟、我今日の日本をして斯く成らしめて、乃ち今日の法律社会経済社会道徳社会に、今日の方針を与へたる者は故大久保内務卿なり」。つまり欧米に習った文明開化を導いた大久保の路線をいう。

大久保亡き後もこの路線は貫かれた。そこでの譬えが面白い。「一大久保公逝きて数大久保公在り、此等数大久保公皆操守堅確に、皆沈毅にして善く物を鎮し、皆風度凝遠百僚に師表として、粛々命を聴かしむるや否やは、吾人は知らず、此等数大久保公或は首相と為り、或は国務大臣と為り、縄束常に堅く、石圧常に重く、一人令し、数人奉じ、頭脳思ひ、手足働き、内閣諸省恰も一心四肢の如なること、公在りし時と異ならざるや否やは、吾人は唯公の与へたる政治の方針公薨去の後少も変ぜられたること無くして……」。

ちなみに兆民は、西郷を「非凡派の豪傑なり」という。非凡派とは、例の征韓論政争の征韓派をいい、凡派とは非征韓派と重なる指摘であって、凡人と非凡人という意味ではない。

先の『一年有半』には、「余近代に於て非凡人を精選して、三十一人を得たり、曰く、藤田東湖、猫八、紅勘、阪本竜馬、柳橋（後に柳桜）、竹本春太夫、橋本左内、豊沢団平、大久保利通、杵屋六翁、北里柴三郎、桃川如燕、陣幕久五郎、梅ケ谷藤太郎、勝安房、円朝、伯円、西郷隆盛、和楓、林中、岩崎弥太郎、福沢、越路太夫、大隈太夫、市川団洲、村瀬秀甫、九女八、星亨、大村益次郎、雨宮敬次郎、古川市兵衛」と、西郷も大久保も非凡人なのである。

このあとの文章はいわゆる当時の政局批判になっている。「然り而して伊藤、山県、板垣、大隈は与からず、而して其他擾々たる者、曰く彼等哉、彼等哉、人名辞書の四半頁をも汚すに足らず」。西郷と大久保のあとは、やはり西郷と大久保なしである。

こうして大久保と同時代の言論人たちを追ってみると、批判は批判であるのは勿論ではあるが、見るべきところも見ている。今日に至る大久保に対する一方的なイメージ形成は、大久保の死後に積み重ねられてきた歴史観によるところが大きいのではないか。

四　大久保神社

「大久保様ですか？」。東北本線安積永盛駅からタクシーに乗って初めての行き先を説明すると、運転手が聞き返した。「大久保様？　いえ、なんて言いますか、安積公民館の牛庭分館にある……大久保神社へ行きたいのですが……」「はあ、郡山ではみんな大久保様と言います」。大久保利通、幕末の志士、明治の元勲の名前に「様」を付けて、呼んでいるのか。

「トシミチ？　よくわからないけれど、とにかく大久保様です。あそこはね。それより安積をアサカと読めない観光客が多いんですよ。読めませんかね」

そんな奇妙な会話をしてしまった。もとをたどれば大久保は薩摩藩の下級武士である。地元鹿児島には、西郷隆盛を祀る南州神社があるが、大久保は現在でも憎まれ役である。「大久保、川路」と呼び捨てさえされる。川路とは大久保の配下にあった川路利良大警視のこと。西南の役では鹿児島の大久保の家は壊されてしまい、郷士だった川路は親戚が殺され、中には晒し首にされた人もいる（市来四郎「「丁丑擾亂記」『鹿児島県史料　西南戦争』」）。

その大久保が鹿児島から遠く離れた福島県郡山市では、「大久保様」と呼ばれている。ほどなくタクシーは大久保神社に到着した。神社といっても建物はなかった。大きな石の追遠碑が柵で囲まれ、正面の柱に「大久保神社」と刻まれている。堂々とした鹿児島の南洲神社とは比べものにはならない。かつては建物もあったようだが老朽化して取り払われ、そのあとは大きな碑にして祀るようになったと聞いている。

それでも早くも明治二十二年ごろに祀られているから、南洲神社より歴史は古い。建物もない、鳥居もない、だから、神社ではないということにはならない。奈良の大神神社は、三輪山自体が御神体であり、本殿もないのだから、追遠碑を祀れば神社なのである。

毎年九月一日は、ここで大久保神社水祭りが行われる。筆者が訪れたのは東日本大震災、福島第一原発事故のあった平成二十三年（二〇一一年）だった。安積開拓、安積疏水をめぐる史料を集めた開成館は地震の被害が大きく、閉鎖されていた。

ここにある「開拓者の群像」は平成四年（一九九二年）、郡山市が「ふるさと創成一億円」を基につくった。彫刻家は三坂耿一郎。大久保利通を真ん中に中條政恒、ファン・ドールンらが並ぶ。郷里鹿児島の銅像は、没後百年にあたる昭和五十三年（一九七八年）にできている。大久保の顔は、鹿児島と郡山では表情がちがう。鹿児島だけではなく、全国的に見ても、郡山の大久保像はこれまで語られることのあまりなかった、もう一つの顔なのかもしれない。

さて、大久保神社の追遠碑には注連縄が張られ、真中に大久保利通の大きな写真額が安置される。この写真には見覚えがある。三男利武の長男、すなわち嫡孫である歴史学者の大久保利謙は「孫が描いた大久保利通のプロフィル」(石原慎太郎ほか『大久保利通』所収)という一文で、こんな話をしていた。

「父は三男坊の役人で、私の幼少のころは地方回りをしていたので、私の祖父との対面は、地方の古めかしい官宅の客間に安置されていた画像であった。それに毎朝、お辞儀をさせられる。画像の前には必ず好物の緑茶が錦手の茶碗に入れて供えてあった」

大久保家では、このように利通を祀っていたようである。孫の代では、当然のことながら直接に祖父を知る術がないではないか。「祖父母から愛撫されて育つというような環境を全く知らない」から、家庭の人としての大久保を語るべき材料は何もない。祖父という存在は毎朝お辞儀させられる画像だったのである。

例のキヨソネの描いた大きな銅版画であるが、それが私のおぼろげな記憶では、初めはどういう人なのかわからなかったのである。家では「お写真様」と言っていた。それが祖父の大久保利通であることをはっきり知ったのは、ずっと後のことであったようである。

こんな大久保家でお辞儀の対象であった写真額が、ここ大久保神社では水神として祀られる。水祭りを主催する安積公民館牛庭分館の話では、この写真額は大久保家から贈られたというから、同じ写真にちがいない。それに向かって神主は祝詞をあげた。

「オオクボコウノイサオシハ……」のところだけが聴き取れた。オオクボコウは大久保公だが、イサオシ？ 勲しということだろう。列席者は写真に向かって二拝二拍手一礼をする。

大久保には多年にわたる勲しが、業績がある。そんな中で郡山の「大久保様」は水神なのである。西南の役と重なる時期にも、水利の悪い安積野に猪苗代湖から水を引く計画があった。実務や技術の分野でなく、大久保はそれを決断した功績である。

決断とはただ決めることではない。強烈な意志を貫く判断である。責任を伴うことになると、人はみな神ならぬ身、決めるのが怖くなって、占いに頼ったり逃げたりする。戦後日本では「決断」という言葉はどこかに失せてしまい、会議を重ねて責任を分担、あるいは分散させて、結局は何もしない、できなくなっている。

大久保の決断とは、まさに決断であった。立岩寧『大久保利通と安積開拓』によると、戦乱が終わったときこそ懸案だった安積疏水の事業推進を固めようと、福島県典事の中條政恒は、西南戦争終結三日後の九月二十七日に大久保邸を訪れた。つい三日前、内務省で大久保と面談中に電信が届けられた。大久保は何食わぬ顔でそれを見て、中断を詫びて、話を続けた。それが、実は西南戦争の終結と西郷隆盛の戦死報告だったことを、中條はあとで知った。

いつもは来客が多いのに、たぶん西郷と大久保の関係を慮ってだろうが、この日の大久保邸は一人の来客もなかった。前掲書でも引用される佐藤利貞・佐藤秀寿『安積事業誌　巻之十』(郡山市中央図書館所蔵の筆稿本)では、中條は「安積人民ノ天恵ナリシニヤ」と喜んで、大久保を独り占めして切々と訴えた。粛然と聞いていた大久保は静かに答えた。

「貴論ハ実ニ尤モ至極ナリ内事ノ振ハサルハ貴示ノ如ク内情アル爲メトハ乍申必竟利通ノ罪ナリ今ヤ乱平ク願クハ是ヨリ奮テ実効ヲ挙ケ以テ上下ニ對エント欲ス而テ君カ先年来熱心ノ安積開殖疏水其他ノ事モ天兵凱還ノ後ハ多分朝廷ニ於テ自ラ御詮議アルヘシ」

これに対して中條は、そうではないというように反論した。ここに大久保邸を訪問したのは、安積疏水事業に対して一個人である大久保の決心はどうかと聞きに来ただけだ、と。

「自分一己ノ決心ハ飽迄必成ノ覚悟ナリ万一朝廷御詮議ナキニ於テハ利通誓テ尽力スヘシ君其安心セヨ」。こう大久保は言うので、中條は「安心セヨノ御一言銘感啻ナラス已ニ閣下ノ御誠心斯迄ナルヲ承リタル以上ハ政恒是迄ノ如ク此儀ニ就テ尓来再ヒ嚴聴ヲ煩サス緘默愼テ実施ノ日ヲ待タン」と答えて、帰ろうとした。

しかし大久保は、今日は静かなのでもう少し話をしようと中條を引きとめた。それで東北地方の話をした。やっと大久保邸に別れを告げたのだが、大久保の一言で舞い上がったのか、中條はどうして玄関を出たのか、どうして門を出たのか覚えていない。

何となれば、と中條が語るのを筆記した前掲『安積事業誌』は記す。「中條君多年ノ觀察ニテハ大久保卿愼重ノ特性トシテ事前ニ於テハ何事ニモ決言セラル、コトナカリシモ一回決言スルヤ何程年月ヲ經過スルト雖モ必ス実行セラル中條君多年之レヲ熟知シ深ク其信義ニ服ス」。大久保に二言はない。中條は、大久保の人となりをよくわかっていた。

中條政恒。もとは米沢藩士上与七郎といい、中興の祖上杉鷹山と二宮金次郎を尊敬していた。奥羽列藩同盟として官軍と戦ったあと、藩の終戦処理に手際を見せた。しかし藩内の軋轢に閉居していたところ、明治四年の廃藩置県後に置賜県へ出仕することになった。かねてロシアの動向に刺激を受けていた中條は、北海道開拓の抱負を薩摩出身の県令高崎五六に語った。高崎の転任後、参事となった薩摩の本田親雄は中條がまとめた「奏議書」を東京に送った。

その中條と大久保はすでに明治四年に面識があった。旧米沢藩内がもめたときに、中條は伝手を頼って大久保のところに持ち込んだ。大久保日記にある三月七日の「朝米藩處置御評議有之」がそれらしい。「奏議書」は大久保も読んだにちがいない。だが、黒田清隆がすでに北海道開拓使次官として取り組んでおり、中條の「奏議書」を採用するわけにはいかない。

ここで話は地球を半周する。あの岩倉使節団の一行に大久保の配下である元熊本藩士安場保和がいた。西部開拓時代のアメリカを見た安場は思うところがあって単身帰国する。また大久保はアメリカとの条約改正交渉で不備を指摘され、全権委任状をとりに一時帰国した。そして大蔵卿として大久保は安場を福島県権令とし、「奏議書」の中條を安場に託すのである。

中條は北海道開拓の夢を断念し、明治五年九月、福島県典事となって原野である安積野開拓に照準を定めた。この安場と中條の出会いは、アメリカの西部開拓と上杉鷹山の国づくり、さらには大久保の殖産興業策が合流したようなものである、と前掲『大久保利通と安積開拓』は指摘する。翌明治六年春の雪解けを待って、現地調査が始まった。

そして大規模な士族授産を図るためには、これまでに造成した用水池の開成池だけでは不足し、猪苗代湖の水利が注目された。この湖水利用は奥羽山脈を貫いて東注させ、一帯を灌漑して阿武隈川に至らせる用水路体系の構想である。しかし水利に支障を来たす恐れがある若松県との利害調整や技術的な問題など、実現に向けては政治的な調整力を必要とした。

大久保内務卿の出番である。明治九年、明治天皇の東北地方巡幸では開成山開拓地の桑野村に行幸があった。大久保はその下見に東北各地を視察していた。猪苗代湖の水利問題についても事情を聞いている。そこで全国の府県統廃合布告のときに、若松県、磐前県を廃して福島県に合併させたのである。これによって猪苗代湖水開鑿は実現に向けて一気に前進した。技術的な問題はオランダ人のファン・ドールンがあたり、基本設計をする。

西南の役を終えて、大久保は明治十一年三月に安積疏水実現へ向けて布石を打った。かつての仲間であり、維新後は島津家の家令となっていた奈良原繁を内務省に出仕させた。奈良原は安積郡桑野村の内務省開墾事務本局の責任者となり、南一郎平とともに働いた。

薩摩の奈良原兄弟といえば、兄の喜左衛門は示現流、弟の喜八郎、改め繁は槍の名人である。寺田屋事件の鎮撫使として知られる。生麦事件の犯人は兄の方とされるが、弟説もなおある。その繁は〝奈良原の芋掘り〟といわれたほど酒癖が悪く、酔って管を巻く酔狂は名高いものだったという。官員になっても、ある宴席で〝芋掘り〟がやはり出た（『甲東逸話』）。

ところが、この席には大久保内務卿がいた。そのひどさにジロリと横目で睨んだ。すると、奈良原は冷やりとして「コリヤ、ワルゴアシタ。官吏ニナレバ、以後ハ、コンナ事ハ出來ヌト思ヒ、今夜限リト覺悟シテ、アバレ申シタガ、惡ルゴアシタ」とさっぱりと謝った。

それで大久保も「ふふん」と笑いに紛らした。こんな具合だから、あの桐野利秋も、あの山本権兵衛も、大久保の前に出ると何も言えなかったということがうかがえる話ではないか。

その奈良原が安積疏水に打ち込んだのである。前掲『大久保利通と安積開拓』によると、疏水工事だけではなく、士族の移住にも奔走した。安積郡に派遣された奈良原は、福島で中條と会って、大久保から万事中條政恒に相談すべし、という命があったことを伝えた。そして実地調査の協力を依頼された中條は、奈良原と南一郎平を、猪苗代湖の開鑿予定地から疏水の利害に関する諸原野をあまねく案内した。

その年五月十四日午前六時、大久保は直後の凶変を知ってか知らずか、安積疏水の話をしていた。訪ねてきた福島県権令山吉盛典に「福島縣下安積郡ノ開墾タル實ニ内國開墾ノ第一着手ニシテ則チ他日ノ標準雛形トモ稱スヘシ」「殖産ノ業起ルヤ各地方華士中尤人望アルモノヲ撰ミ之ヲシテ率先セシムルヲ良策トス」と語った。

山吉が福島県庁に掲げる執務の心構えを揮毫してほしいと頼むと、大久保は「為政清明」と大書した。これはいま鹿児島市美術館の所蔵となっている。時刻は八時近くなったので山吉は帰ろうとしたが、大久保はなおも引きとめて語った（「濟世遺言」『大久保利通文書　九』）。

「皇政維新以來已ニ十ケ年ノ星霜ヲ經タリト雖昨年ニ至ルマテハ兵馬騷擾不肖利通内務卿ノ職ヲ辱フスト雖未タ一モ其務ヲ盡ス能ハス加之東西奔走海外派出等ニテ職務ノ擧ラサルハ恐縮

ニ不堪ト雖時勢不得已ナリ今ヤ事漸ク平ケリ故ニ此際勉メテ維新ノ盛意ヲ貫徹セントス」

自分は内務卿として、維新から昨年まで十年たっても何一つ務めを果たすことができなかった。しかし、ようやく兵馬騒擾は治まった。また東西に奔走したり、海外に視察や交渉に出かけたりの時期も過ぎ、これから本来やるべきことをやらねばならない。

「之ヲ貫徹センニハ三十年ヲ期スルノ素志ナリ假リニ之ヲ三分シ明治元年ヨリ十年ニ至ルヲ第一期トス兵事多クシテ則創業時間ナリ十一年ヨリ二十年ニ至ルヲ第二期トス第二期中ハ尤肝要ナル時間ニシテ内治ヲ整ヒ民産ヲ殖スルハ此時ニアリ利通不肖ト雖十分ニ内務ノ職ヲ盡サンコトヲ決心セリ二十一年ヨリ三十年ニ至ルヲ第三期トス三期ノ守成ハ後進賢者ノ繼承脩飾スルヲ待ツモノナリ」

維新の初志を貫徹するには三十年かかる。すでに最初の十年は過ぎてしまったが、いろいろ内外で騒乱もあった創業時間である。第二期は現在の十年であり、これが最も重要な時期になる。国内の秩序を保ち、殖産振興を図るために不肖の身ながら自分が担当していく決心をした。そして第三期の次の十年は「後進賢者」に道を譲りたい――。

こんな三十年構想を語った大久保は、このあと一時間もたたぬうちに凶刃に倒れる。その知らせは十五日午前一時に中條のもとへ届いた。福島県の現地を調査中だった中條は、悲嘆のあまり一睡もできなかった。が、夜明けを待って別の村に宿泊していた奈良原に知らせた。狼狽落胆した奈良原は、直ちに東京へ駆けつけた。このときの様子を「安積事業誌　巻之十」から引用する。「中條君愕然且泣テ曰天奪良相吾事畢ル矣ト」。しかし、中條はくじけなかった。

「慨然意ヲ決シテ以爲ク余ハ大久保卿ノ従僕ニアラス此事業固ヨリ大久保卿ノ自ラ經綸セル所ニアラス皆余ノ意ニ成立セリ而テ余ハ元來自家ノ私益ヲ謀リシニアラス國家ニ對シ献身的ノ精神ヲ以テ必成ヲ期シタルナリ今一大久保卿ヲ失ヒタルカ爲メ脱力中廢スルハ男兒ニアラス又國家人民ニ忠ナリト謂フ可カラス地下若シ大久保卿ニ會セハ其腑甲斐ナキヲ叱セラルヘシ」

まことに、その意気やよし。ちなみに中條の孫娘が作家中條百合子である。彼女は東京育ちだが、初期の作品「桑野村」などは祖父が奮闘した安積開拓地の貧しさを題材にしている。結局、この原因を世の中の仕組みに見て、共産党の宮本顕治と結婚した。宮本百合子として知られる。さて、このとき決意を新たにした中條政恒はやはり大久保を思わざるを得ない。

「余ハ同卿存命中非常ノ眷顧ヲ受ケ余ノ精神ヲ以テ同卿ノ精神トセラレ殊ニ甚シク熱心セラレタリ余ヲ知ルト云フヘシ士ハ知己ノ爲メニ死スト聞ケリ余ハ地位ト云ヒ且不肖ニシテ大久保卿全部ノ精神ハ到底継続スル能ハスト雖トモ如何様ナル困難ヲ侵スモ責メテハ已ニ実地取調ノ命アリシ安積タケノ事ヲ成功シ大久保卿万一ノ知遇ニ酬ヒ且其魂ヲ弔ハン」

大久保亡き後の内務省では「大久保卿ノ物好キ」「大久保卿ノ癖ナリ」との抵抗もあったが、十年後と期待されていた「後進賢者」は、時をおかず、大久保の遺志を継いで安積疏水事業を推進する。翌明治十二年十二月二十七日の起業式には、大久保の後継者である内務卿伊藤博文らが東京から駆けつけた。それから三年後の明治十五年十月一日、ついに通水式が行われた。このときは右大臣岩倉具視、大蔵卿松方正義、農商務卿西郷従道らが参列した。

東北地方の士族授産事業は、ちょうど正反対の方角にある西南の役の士族反乱によって、大きな影響を受けた。その戦争による財政圧迫によって、安積開拓の士族移住計画は当初の二千戸から千戸に半減され、さらに六百戸、最終的には五百戸になってしまう。奈良原が意欲を燃やした官営模範開墾地構想もつぶれてしまった。

それでも旧久留米藩は大久保内務卿の勧めに応じて、士族百戸が率先移住する。大久保は凶刃に倒れてしまったが、直接会って話を聞いていた森尾茂助は志を貫徹した。東京では森尾と中條の出会いもあり、八人の先発隊が到着したのは明治十一年十一月十一日である。

さらに岡山、二本松、土佐、鳥取、会津、棚倉（福島県）、松山、米沢藩からの移住が続き、安積開拓は明治十八年に「五百戸士族移住」が満了し、紆余曲折はあっても現在に至る。

大久保神社を建てたのは、牛庭原に移住した松山士族たちである。早くも明治二十二年七月、愛媛開墾社をはじめとする入植者たちは、大久保の遺徳を永く伝えようと決めた。そこで旧仁井田村の鹿島神社を譲り受けて、ここに建立した。このころから「大久保様の水祭り」は、旧暦の八月一日に毎年行われるようになった。

そのあと建物の傷みが激しくなったために廃社とし、記念碑を建てることになった。明治四十四年十二月二十四日に除幕された追遠碑には、牛庭原の居民は故大久保利通公の遺徳を仰ぎ、以て鎮守神と為す、という書き出しの碑文が刻まれている。第二次大戦後の昭和二十七年、牛庭開拓七十周年記念祝賀会が開催され、この年から水祭りは九月一日に変更された。

平成二十三年の水祭りには百人ほどの参加者があった。神事が終わると、婦人会による安積疏水讃歌踊りが奉納された。無人の荒野だった牛庭原から緑の田園地帯になった現在の牛庭区は、百六十二世帯が生活する。全員が大久保利通公顕彰会だという。このあとはお楽しみ、公民館の大広間で直会が始まる。

まずは乾杯。大久保公の功績をたたえ、先祖の苦労をしのび、間もなくの秋の実りに感謝して、一同はぐっとビールを飲み干す。疏水の恵みは大地を潤すだけではなく、鯉こくの料理になって出てくる。もちろん刺身にもなる。みんな顔見知りだから話が弾む。

しかし、この年は暗い影がさしていた。三月十一日に大震災、原発事故があった。みんなが心配するのは原発事故の影響である。周囲の田んぼは色づいてきて、収穫はもうすぐである。地震の被害も出たので、水祭りを毎年行っている周辺地区では中止にしたところもある。

大久保の名前を冠する水祭りは牛庭区だけである。鈴木英雄区長は挨拶に立った。「たしかに中止も検討された。しかし、こんなときだからこそ、多くの困難に立ち向かった先人たちにならって、例年通り挙行することになった」と語り、会場の拍手を浴びた。日本の近代化に貢献した大久保利通、中條政恒という二人の人物の志は、百数十年後もなお福島県郡山市安積でしっかり受け継がれているのだった。

第三章　西郷隆盛との別れ

一　加治屋町の仲間

九州新幹線の終着駅は鹿児島中央駅である。新幹線の開通前は、西鹿児島という名前だった。すぐ近くの山は武岡といい、その麓に晩年の「武村の吉」西郷が住んでいた。西郷が生まれたのは、海側の甲突川を少し下った加治屋町である。そこには西郷隆盛生誕地と大久保利通生誕地の大きな石碑が立っている。

しかし、大久保は実は対岸の高麗町で生まれた。碑が立てられたころは、加治屋町生まれだと、誰もが、本人もそう思っていたのだろう。甲突川の東側にある加治屋町の生まれなので「甲東」という号を名乗っていた。現在、ほんとうの出生地高麗町には小さな石碑が立っている。

大久保が育った加治屋町の家は、西郷の家とはごく近い。行き来にはほんの一息である。この郷中、つまり町内の人物の名前を挙げていくと、「明治維新も日清、日露戦争もここでやった」という自慢話があっても無理はない。このあたりは面積約一万坪、僅か八十戸ほどの下級武士の居住地に過ぎないのである。主な人物の名前を生年順に挙げてみよう。

文政十年（一八二七年）に税所篤、西郷隆盛、十一年に吉井友実、伊地知正治、十三年に大久保利通、天保六年（一八三五年）に松方正義、七年に村田新八、篠原国幹、十一年に黒田清隆、十三年に大山巌、十四年に西郷従道、十五年に黒木為楨。さらに若い世代では、弘化二年（一八四五年）に井上良馨、四年（一八四八年）に東郷平八郎らがいる。

彼らの業績を知るには、近くの維新ふるさと館へ行けばいい。ここでは世界に知られたアドミラル・トーゴーも、総理大臣になった黒田清隆、松方正義も何のその、そのほかの人物であっても他県に行けば、それぞれ立派な記念館が建てられるはずなのに、ここ鹿児島では西郷・大久保の両御大がどっしりと構えている。

それに展示も郷土史というよりは、近代日本のパノラマが見られる。まさにここ加治屋町の人間たちが日本を動かし、世界を驚かした歴史があったといっても決して過言ではない。この一時期の前にも後にも、加治屋町が歴史上に現れたことはない。要するに歴史を動かすのは、人であるということがよくわかる。そして、その始まりが加治屋町にとっては西郷と大久保なのである。

西郷は文政十年十二月八日に生まれた。没したのは明治十年九月二十四日。大久保は文政十三年八月十日に生まれ、明治十一年五月十四日に暗殺された。ふたりは三歳違いで、西郷は五十一歳、大久保は四十九歳の生涯だったことになる。これは数えの年齢である。

しかし難しいのは明治五年に改暦があって、明治五年十二月三日が明治六年一月一日になったことである。グレゴリオ暦の採用で日本も欧米諸国と同じ時の刻みになったわけだが、西郷と大久保のように生年と没年に改暦が挟まると、注意が必要になってくる。

これを西暦だけで見ると、西郷の生まれは一八二八年一月二十三日になり、改暦後の一八七七年（明治十年）九月二十四日に没した。満年齢では享年四十九歳である。大久保は一八三〇年九月二十六日生まれということになる。したがって西郷とは二歳違いになってしまう。そして満四十七歳の生涯だった。

日本史の年号を単純に西暦に換算すると、けっこう難しいことになる一例である。西暦でもユリウス暦がグレゴリオ暦に変わったのは十六世紀以降のことで、これまたややこしい。

そのころ日本布教に熱心だったイエズス会は一五八二年から導入した。ちょうど天正遣欧少年使節の旅の途中であった。このときも豊臣秀吉、徳川家康など戦国武将が活躍していた年月日を西暦に直すときは、改暦を考慮に入れなければならない。また幕末から昭和にかけて生きた東郷平八郎も弘化四年十二月二十二日生まれだが、西暦では一八四八年一月二十七日が誕生日になる。

さて、西郷と大久保たち加治屋町の仲間は竹馬の友であり、薩摩特有の郷中で育った。郷中とは少年たちの集まりで、大人は入らない。だいたい十五歳までの稚児、それを過ぎた二才に分けられる。若者たちはここで学び、遊んでいくなかで、嘘を言うな、負けるな、弱い者をいじめるなという気風が培われていく。

実際の活動の一端は、佐々木克監修『大久保利通』で大久保の妹たちが語っている。「郷中は別に定まった家に寄るのではなく、順番に座方が廻ってくるので、その当番の家へひとまず集まって、それから一纏めになって遊ぶ。書物を読むこともあれば、あるいは屋外に出て槍や柔術、撃剣などもやる」「藩には聖堂という学校があって、これへ行くものもあるけれども、極めて稀で一般に総領息子だけが行くことになっていた。大久保公も七ツ八ツから聖堂へ通ったが、朝聖堂を済ましてきてすぐ郷中へ出た」。

すでに見たような加治屋町の人材が集うなかで、西郷は二才頭を長くつとめ、このころから仲間たちの中心である。大きな体をして、どこかおっとり、見る人の印象では鈍いような独特の風貌で愛された。豆腐を買いに行って曲がり角で悪童たちに驚かされると、豆腐を置いてからビックリしたと言ったと伝わる。腕力はあったが喧嘩で右腕を傷つけたので、胃弱の大久保とともに武術自慢ではない。

大久保の少年時代は、後年の印象から、誰もがおとなしい生真面目な姿を想像するだろう。ところが実際は大違い、これがけっこうな腕白、いたずら、やんちゃ、きかんぼうである。温泉場で湧き出る湯をとめたり急に流したりして浴客を困らせたり、桜島の上から岩石を落として喜んだりして、手に負えない。西郷の十六歳下の弟従道も相当の腕白だったが、〝先輩〟大久保の前では畏服し、この関係は二人が明治政府の高官となってからも続いた。

しかし、父親の次右衛門は「男児の亂暴なのは深く咎むることを要しないが、卑劣なる行爲に至っては、一歩も之を假借してはならない」と放任していた（『甲東逸話』）。肥満体の次右衛門は若者を可愛がり、封建時代の身分社会にあっても分け隔てなく誰とでも交際したという人柄であり、薩摩では有名な蘭医皆吉鳳徳の娘である母親も人の好い笑顔を絶やさない。

父親の見守る中で悪童時代はいつの間にか過ぎ、大久保はよくものの分かった青年に育っていく。親孝行で信心深い。面白いのは按摩が得意で、癪持ちの母親によく尽くした。こうした郷中で育った若者たちの中で、西郷と大久保はとくに仲が良く、「西郷さんは大抵毎日公の家へ来ていて、夜は今の一時二時までなにかしら話をしている。西郷が来ぬ時には公が西郷の家に行く」（佐々木克監修『大久保利通』）という調子だった。

薩摩藩のお家騒動で父親次右衛門は島流しになった。大久保も謹慎させられる。一家は貧乏のどん底に落ち、このころの借金の手紙がいくつか残っている。しかし逆境の中にある大久保の家に西郷と長沼嘉兵衛の二人はやって来る。大久保は西郷の家に食事時に現れたともいい、逆に西郷が後に遠島にされたときには細々と手紙を書き、煙草などを送っていた。後年、「大西郷が島から赦されて帰った時に、公の母上に向かって、今までは正助どんに大変心配をかけたが、もうこれからは正助どんに心配かけ申さんがと言った」と妹たちが語っている。

また父親が流されているとき、大久保は毎日未明に家を出てどこかへ行っていた。家族はいなくなることに気づいても、どこへ行っているのかは知らない。それが近所の人が持ってきた煙草入れから謎は解けた。島津十四代の祖を祀った大中神社に置き忘れてあったもので、母親が問い詰めて、ようやく毎朝の参詣がわかった。大久保は若いころから煙草好きだったようだが、この人にして忘れ物をするのかと、何だか嬉しくなるようなエピソードでもある。

甲突川を隔てた隣の高麗町には有村俊斎、のちの海江田信義がいた。弟の雄助、次左衛門は桜田門外の変に関わった。大老井伊直弼の首を挙げたのは次左衛門であるが、直後に自害。そして、連絡役で薩摩に戻った雄助は切腹。二男、三男を失った母親蓮子はこのとき、〈雄々しくも君に仕うるもののふの母てふものはあはれなりけり〉という歌を残している。

この蓮子は同じ高麗町で大久保が生まれたときに出産祝いを届けている。このあたりは海江田の曾孫にあたる東郷尚武『海江田信義の幕末維新』に詳しい。子どものときから大久保をよく知っていた母は、二十歳の俊斎に大久保とともに学ぶように勧めた。そこから西郷、大久保、夭折した長沼に海江田を加え、彼らは『近思録』を読むために集う。

その様子は海江田の『實歴史傳』から窺える。「一日、四人相會するや、論じて曰く、方今の時勢たるや、徒に讀書に汲汲として、文章字句の討究に消暑するの日に非す、苟も男兒たるもの、必す大志を起し、以て身命を實地に致すへきなり、曰く志なる者何ぞや、曰く邦家に盡すの丹誠なり、曰く丹誠とは何ぞや、曰く自家の精神を錬磨するなり、曰く何、曰く何と。是時大久保の論する所最も精且つ高かりしといふ」。海江田は十四歳のときから茶坊主をしていたので、宿直の夜には彼らも茶室に集まって徹夜で議論したこともあったと回顧する。

ちなみに長州再征問題で出兵を迫る閣老板倉伊賀守勝静に対し、大久保が専断で拒絶したときである。大久保は風邪をひいて耳が聞こえにくいと言って、論で押し、聞き違いを装って脅し、まるであのいたずら少年、きかんぼうが戻ってきたようであった。これにはみな、「了得に大久保なり、假聾の頓才、卽答の勇斷、蓋し他の能く及ぶ所に非ず」と笑ったという。公式報告はまた別である。西郷は慶応二年五月二十九日付の手紙で「閣老へ建白書御持参にて御討論の段、毎ながら貴兄の御持前とは申しながら雄々敷御論、実に御両殿様御満足遊ばされ、余程大久保が出来たと御意遊ばされ、我共に到り有難く雀踊此の事に御座候」(『西郷隆盛全集　第二巻』)と喜んだ。ここにいう「貴兄の御持前」とは西郷もあの腕白小僧を思い出していたのだろう。

さて海江田は大久保より二歳下で、軽躁とも評される活発な性格である。早くから志士として活躍し、藤田東湖の薫陶も受けた。あるとき薩摩の人材を訊かれ、西郷と大久保の名前を告げている。そして実際に東湖と西郷は会うことになった。海江田は生麦事件、薩英戦争、江戸城引き渡しにも登場する。ただ大村益次郎暗殺事件との関連が疑われ、奈良県知事をつとめた後は逼塞状態にあったが、晩年は貴族院議員、枢密顧問官を歴任した。

南九州の一角で貧しい武士の彼らが集ったということは、後世のわれわれから見ると、いわば明治維新の、近代日本の、一粒の種が胚芽したことである。彼らもそう思ったかどうか。しかし、彼らに吉井友実、税所篤、伊地知正治らが加わり、加治屋町の仲間たちを中心に誠忠組へと発展していく。仲間内では、西郷と大久保が頭角をあらわしていた。

待望の斉彬が藩主となって最初に登用されたのは西郷であり、その知見は仲間に伝えられ、彼らの意識は高められていく。西郷が奄美大島に流されたあとの厳しい時代状況にあって、大久保は体を張って誠忠組を守り抜く。そして久光に接近して、仲間とともに藩政に入り込んでいく。大久保が御小納戸に昇進したときの祝宴の名前書がある（『大久保利通文書　一』）。文久元年十月、大久保家に集まったのは親戚とともに沢山の仲間たちであった。

列記してみよう。奈良原喜左衛門、吉井（仁左衛門）、有村（武二）、千田杢右衛門、高崎（猪太郎）、田中（謙之進）……。このあと焼損とあり、何人かの名前がともに焼失したのだろう。続いては江島（仲左衛門）、伊地知十郎左衛門、山口（彦五郎）、道島（五郎兵衛）、伊地知（龍右衛門）、有馬（新七）、本田（彌右衛門）、柴山（愛次郎）、橋口（傳蔵）、森岡（善助）、森山（新蔵）、西郷（信吾）、吉田（清右衛門）、有馬、岩下（佐次右衛門）、町田（民部）、郡山（一介）、川畑、鈴木（勇右衛門）、松方（助左衛門）、谷村（小吉）、是枝、野津（七左衛門）、日置半蔵である。最後に一言が付記されている。「右人数不及吹聴」。この人数を吹聴しないように、と。

大久保は決して仲間たちを踏み台にして出世したのではない。そうでなければ、これだけの仲間が昇進祝いに駆けつけない。仲間たちは大久保を祝うとともに遠い奄美にいる西郷のことをも思ったことだろう。そして自らの人生がこのあとどうなっていくのか、彼らは知るはずもない。後世、その後の歴史を知る者だけが知る。明治維新まで数年の激動期である。

西郷に比べて、大久保には人望がないと評されることがある。確かに西郷のような蓋世の人望はない。この点、西郷は抜きん出ている。歴史上、大久保だけではなく、誰も西郷に比べられる人物は存在しないのである。徳富猪一郎『近世日本国民史　一〇〇』が指摘するように「大久保は其の本質から云へば發強剛毅の人にして、寛裕溫厚の人ではない」のである。

「其鬪は木戸に比して些か高かつたとしても、一たび鬪を越えて大久保に接近したるものは、容易に彼より離るるものはなかつた。彼は人を政治上の道具として使用するばかりでなく、又た人を人として使用するの道を解してゐた」。大久保の個人的な非礼や非道、また不実を他人が非難したといったことはあるのだろうか。事実に基づいた批判なら理非を正していけばいいのだが、あるのは政治的に敵対関係にある側からの誹謗、中傷ではないのか。

「彼は來るものは拒まず、去るものは追はずといふではなく、賢才の士は自ら求めて之と交り、彼より遠ざからんとするものも、苟くも國家有用の材と認めたる時には、自ら節を屈して之を追ふことさへも敢てした。卽ち彼が始終木戸を追廻して、木戸の死にいたるまで木戸を離さなかつたのは、其の明かなる證據である」

加治屋町の仲間たちは、西郷と大久保を推し立てて明治維新を成し遂げた。そんな彼らが最も辛かったのは明治六年の政変ではなかったのか。あろうことか、西郷と大久保が対立してしまったのだ。あのとき西郷はどうしてああまで征韓論にこだわったのか。おそらく口外できない、いや、したくない久光のことが何かあったに違いないのだが、ここでは詮索しない。

蘇峰、徳富猪一郎の論じることをさらに聞いてみたい。

「如何に大久保が人心を得たるかは、西郷一たび去るに際して、平生西郷及び大久保に兩屬する薩摩の人士は、西郷と共に去る者尠く、大久保と共に留まるものが多かつた。大久保と西郷と試みに其地を異にし、大久保去り西郷留まるといふが如き場合に於ても、或は然らんか、或はより以上であつたか、未だ知るべからざるも、西郷に最も近き吉井友實の如き、黑田清隆の如き、更らに西郷の最も愛したる其弟西郷従道の如き、皆な踏み留まつた。（中略）但だ篠原國幹のみは、大久保の手によつて極力踏み留まらせんとしたが、彼は西郷の後を追うて去つた。近衞の士官以下には、當時西郷に従つて去りたるものも多かつたが、それは佐官以下に過ぎなかつた」

ここで見るように西郷と大久保を取り囲む世代と、西郷を敬慕して従う世代とは何か溝がある。溝といっても前者の世代は西郷と敵対しているわけでも何でもない。この時期での征韓論という政策で立場を異にしているだけである。そこで西郷はプイと郷里に帰ってしまった。西郷は中央での政治には飽き飽きしたのだろう、という程度の認識だったのではないか。だから、明治十年の西南の役を加治屋町の仲間たちは信じられぬ思いで見ていたにちがいない。

このころ彼らは加治屋町の仲間であって、もはや、そうではない。彼らが誠忠組となって薩摩の藩政に組み込まれていったように、明治政府の中にあっても要職を占めていった。そのトップに在ったのは西郷と大久保である。仲間たちは県令をつとめたり、海陸軍に入ったりしていた。しかし、大久保は伊地知貞馨を金銭問題で免官するなど、決して私情を交えることはしない。やはり「發強剛毅の人にして、寛裕溫厚の人ではない」のである。

あの征韓論が破裂する前のことである。外遊から帰朝した大久保は関西を訪れた。このとき大久保にしては風雅なエピソードを残している。大阪府堺市の浜寺公園には現在も〈音にきく高師の濱のはま松も世のあた波はのかれさりけり〉という大久保の歌碑が立つ。後年このことを知った明治天皇が、あの大久保が歌を詠むのか、と驚いたという話も伝わる。この歌碑は明治三十一年に建てられた。裏には伐採当時の堺県令だった税所篤が文を寄せている。

こはいにし明治六とせの夏の夕つかた、大久保利通の君と高師の濱みんとて、やとりをいてゝはまの石に腰うちかけ、四方のけしきみわたすほと、松の林のなかはきりたるをみて、いかなる故にかといはるゝに、近き頃士族授產の爲にとて、はらひ下けたるなりとこたへけれは、そはけしかることかな、かゝる名所の松の數百歲經たらんを、こと〳〵くきりはらはんはまことになさけなきわさなり、こゝのつかさともあるもの心なしとや云はんとて、たたう紙とりいてゝ書かれたる歌也、おのれもとりあへす

いかにせん高嶺おろしの烈しさになみたふるひしをのゝえそこれ

あとの文章は省略する。この経緯は井上良雄『大阪府全志　巻之五』で確認できる。要は明治六年七月、当地を訪れた大久保が、士族授産とはいえ名所となっている松林の伐採を止めさせたということである。もともと浜寺は白砂青松の名勝地として知られたが、明治になって伐採が始まった。大久保が見たのは残存する二千六百三十九本のうち、すでに千七百九十一本が伐り取られ、八百四十八本のみになっていた状況である。

そこで大久保は直ちに懐紙を取り出して、一首を書いた。小倉百人一首にもある祐子内親王の〈音にきく高師の濱のあだ波はかけじや袖のぬれもこそすれ〉を本歌としたものである。

「歸京の上は相當の所置を爲すべければ、即時伐採を停止すべき旨を告げらる。依て同縣令は伐木の中止を命じ……其の地を以て公園と爲さんことを太政官に出願し、同年十二月二十四日許可ありしかば……濱寺公園の稱初めて起れり。公園設置許可の急速に運びしは、復た大久保卿の力多きに居れるならん」

税所とは大久保にとって、あの吉祥院で碁を習ったの習わないの、のエピソードに出てくる人物である。あれからもいまだに碁仇のような関係でもあり、この関西旅行では二連発の猟銃で遊猟をともにしている。

そういえば大久保は関西に来る前に、富士山にも登頂している。そして東京に戻った大久保は征韓論破裂に直面して、落着後の十一月二十四日付で税所に手紙を書いた。「當夏一生之樂反して一生之災難与相成」と、帰朝後半年のあまりの転変を綴っている。

その二人の歌はもちろん真面目にとってもいいのだが、大久保はオレだって本歌取りの和歌だってできるんだ、エヘン、というのに対し、税所はマイッタマイッタ、何だか高嶺おろしのような烈しさに涙が出てしまう、と恐れ入って見せる諧謔でかわしているようにも見える。古い仲間とは年をとってもこんなものだろうか、付き合いは長いのである。

しかし、このあと大久保が東京に戻ってから、同じ仲間である西郷と対立する。明治六年の征韓論政変である。西郷は帰郷し、その数年後に内乱がおきる。西郷と大久保は刺し違えのように相次いで世を去る。西郷の死だけでもやりきれないのだが、このときはまだ心の準備をする時間的な余裕があった。それに続く大久保の遭難はまったく突然のことであった。加治屋町の仲間たちは大事な二人を次々に失ってしまうのである。

大久保の弔いが国葬のように行われたのは当然としても、もう一人の西郷はあろうことか賊名を着せられていた。吉井友実は西郷の命日に「南洲私祭」を催し、仲間とともに偲んだ。遺族の面倒もよくみて、明治二十二年、憲法発布の大赦で西郷はついに名誉回復の日を迎える。

明治十一年五月十四日、参内した吉井は、同じ侍補の永田元孚から大久保遭難の一報を聞いた。そのときの様子を永田は記す（勝田孫彌『大久保利通傳』）。「吉井之ヲ聞テ、茫然トシテ一語ナク、椅子ニ伏シテ掩泣スル而已、天下ノ爲メ知己ノ爲メ、吉井ノ慟哭其心察スヘシ」。急報を聞いて、吉井が机ではなく、椅子に突っ伏しているところが妙に迫ってくる。

吉井家には、若いころの大久保が珍しく酒に酔ったときのエピソードが残っている（『甲東逸話』）。吉井本人は大阪出張で留守中だった。ある日のこと、大久保は酔いに任せて襦袢のまま、加治屋町から甲突川を渡って対岸の高麗町にあった吉井の家に飛び込んだ。吉井家ではびっくりして、箪笥の中から絹衣を出して着せた。大久保は濡れた襦袢を脱ぎ捨て、生まれて初めて絹衣を着た、と。これには吉井家では、みんな腹を抱えて大笑いしたものだった。

紀尾井町の遭難事件を聞いたとき、若いときから大久保に兄事してきた海江田信義は病床にいた。すぐに駆けつけることはできなかった。「我か明治政府の柱石を害す」と、ため息をつくことしかできなかったのである。

「是れ果して何等の怨恨ありて斯の如き狂暴を加へたる乎、顧ふに去歳西郷の亡を取りしを遺憾とし、西郷の爲めに其仇を除き、以て西郷に忠するの意に非ざるなき乎、惑へるも亦太甚たし、夫れ西郷の亡を取れるは、西郷自から之を取りたるのみ、敢て大久保の有無に關せざるなり、抑も大久保を識る者は西郷にして、西郷を識る者は復た大久保に及ぶ者なし、而して西郷大久保の二人を併せ識る者は、恐くは余を外にして將た何人かあるや、故に余は泉下の西郷、大に大久保の横死を哀しむべきを察し、且つ余は既に二人の豪傑を打失せしを憾むなりと。血涙自から禁し難く、潸然として其病枕を濕ほしぬ」

ここで引用している『実歴史傳』にあるように、確かに海江田は西郷と大久保と古くからの付き合いである。水戸の藤田東湖と交流し、実弟が桜田門外の変に加わり、生麦事件では刃を振るい、江戸城にも乗り込んだ。高島鞆之助のように西郷と大久保を見上げるような立場というより、ともに活動した同士なのである。泉下の西郷が大久保の死を哀しんでいるというのも実感なのである。その後ようやく病から回復した海江田は、大久保の家に弔問に訪れた。

靈前に叩頭して、頻りに其名を呼ふと雖も、亦更に應するなし、海江田凄愴として獨語して曰く、大久保君よ、君が生前の知己海江田信義、茲に恭やしく君の靈前に表白す、尙はくは聽取せよ、嗚呼君は國家の柱石君王の股肱にして、生民の休戚一に君か一身に係れり、而して君今兇徒の毒刄に斃る、慟して而して哭するも及ぶなし、回顧するに余の君に於けるや、嘉永安政より以來、相携へて兄弟の如く、以て力を邦家に致せり、而して其間余は動もすれば君に逼るに、或は言ふべくして行ふべからさる事を以てせし者、一にして足らす、今日君を喪なへるに方り、深く自から省察するに、殆と慚悚に勝へざる者あり、君願くは之を宥るせと。乃ち一篇の國風を捧けて朗吟し、且つ慶應二三年の頃京師に在りて借用せし金三十兩を靈前に返還す。其國風に曰く

あらかねの刄のうへに死ぬるまで

みさほたがへぬ君はこの君

二　並び立つ両雄

慶応三年十二月九日の小御所会議の結果に徳川勢はおさまらない。とりあえず二条城から大坂城に退いたものの、それでも日がたつにつれ憤激は増すばかりである。大坂城内に高まる主戦論から諸兵を京坂の間に配置して、圧倒的な数からすれば徳川方の優勢は動かない。

こうした状況での話である。渋沢栄一『徳川慶喜公伝　四』によると、老中板倉伊賀守勝静は風邪で寝ていた慶喜に「将士の激昂大方ならず、此まゝにては済むまじければ、所詮兵を率ゐて御上京あるより外、せんすべなかるべし」と言上した。これに対して慶喜は読みかけて伏せていた孫子を手にとって示しながら、「知彼知己百戦不殆といふことあり」と語りかける。そして、板倉に「今日に於ても緊要なる格言と思ふなり。試に問はん」と。

「譜代・旗本の中に、西郷吉之助に匹敵すべき人材ありや」。伊賀守はしばらく考えて、「さる人は候はず」と答えた。慶喜はたたみかける。「さらば大久保一蔵に匹敵すべき者ありや」。伊賀守は、また無し、と答えるほかなかった。

さらに薩摩藩の名ある者数人をあげて、「此人々に匹敵し得る者は如何に」と問いただした。

伊賀守も一々に考えてみたが、「さる人物は候はず」と答えざるを得なかった。すると、慶喜は「如何にも其通ならん、斯く人物の払底する味方が、薩州と開戦すとも、いかでか必勝の策あるべき、結局は徒に朝敵の汙名を蒙りて祖先を辱むるのみなれば、決して戦を主張すべきにあらず」と、ぴしりと主戦論を退けた。

後世のわれわれは、このくだりを読んで、ふと立ち止まってしまう。譜代・旗本の中にはほんとうに西郷・大久保に匹敵する人材はいないのか。幕末維新史では必ず登場する幕府側の人物がいるではないか。将軍も老中も、この場のやりとりで思い浮かばなかったのだろうか。せめて、ちらりとでも脳裏をかすめる人材ではなかったのか。

勝海舟である。その後の働きから、とくに幕府崩壊にあたって活躍したではないか。しかし、伸るか反るかの一大決戦を前にまったく影は薄い。というより影すらない。それでは小栗上野介はどうか。官軍にとっては、勝海舟より、実はこちらの方が手強かったのではないか。この場で慶喜は彼らのことがまったく眼中にないようである。

そこで緊迫した大坂城内の空気に押された伊賀守は、天下太平の世なら有り得ない、戦国時代に戻ったかのような諫言をした。「台旨誠にさることには候へども、将士等の激昂甚しければ、所詮制し得べしとも思はれず、若し何処までも彼等の請を拒み給はゞ、畏けれども上様を刺し奉りても脱走しかねまじき勢なり」。これを聞いて慶喜は「よもや累代の主人に刃を加ふる事はあるまじきながら、脱走せんは勿論なるべし、斯くてはいづれにも国乱の基たるべし」と深く溜め息をつくばかりであった。

この空気はまた、十年後の薩摩のことを思い起こさせる。慶喜の立場には西郷隆盛がいる。相手側には、どちらにも大久保がいる。このあとのことは歴史の結果を知る後世のわれわれだが、危機の状況にあってトップがどう判断し、どう行動したか、どう責任をとったか。慶喜と西郷とは異なる対処をした。二人の人間の違い、考え方の違いなどを比較し、自分だったらどうしたかと思いを重ねるとき、こうした歴史のドラマは身近に迫ってくるのである。

鳥羽伏見の戦いでは、大久保も戦陣にいた。仁和寺宮が征討大将軍になり、大久保はその軍事参謀の命を受けた。そこで岩下佐次右衛門と相談の上で東寺に赴いたのである。戦地も巡覧して、正月八日の日記には「宮御出ニ而錦之御旗を被飄威風凛烈誠ニ言語難盡心地ニ而候老若男女　王師を迎候而難有〳〵といえる聲感涙ニ及候」と自ら作成に関わった錦旗を翻した様子を記す。

一方、岩倉具視は大久保の不在を知って直ちに宮廷に戻ってくるよう訴えた。京都に立ち寄った西郷は正月七日に手紙を書いている。戦争の備えは万端であるから「貴兄御滞留無益の事と奉存候間、先づ御歸り被下度……」、さらに戦地を巡覧していた大久保に、重ねて「今日は御引取被下度奉合掌候」と手を合わせている。ここから二人は文武の分担をしていく。

三日間の不在のあと京都に戻った大久保を、岩倉が待ち受けていた。

大久保の日記は「今夜岩倉公より小子参謀御受朝廷を迦れ候義を大ニ御叱リ是迄相共ニ謀リ死生を共ニ致度思召候今朝廷如此御大事之砌跡を如何致し候ヤ一應不伺御受之義甚御不滿之由ニ而御落涙ニ而懇々拜承平ニ御斷申上候」と、客観的な記述である。

要するに岩倉は無断で戦地へ出たことを叱り、ここまで命がけで謀ってきた朝廷のこれからを、大久保なくして、どうするのかと涙ながらに訴えた。大久保の日記は備忘のメモのようなものだが、それでもここまで書いているのは、岩倉が公家らしい泣き落しをしたのだろう。

西郷と大久保は、いずれも六尺近い背丈があり、現代の日本にあっても約一八〇センチだから大男である。二人の好きな相撲に譬えると、もっとイメージとしてわかりやすい。西郷はアンコウ型であり、顔も似ている横綱武蔵丸か。もっとも若いころは晩年のように肥満していないから、島から帰って太りだしてからのイメージである。

片や大久保は太らない痩身であり、ソップ型である。名力士明武谷が一瞬浮かぶが、武蔵丸と比べるとあまりに弱そうなので、やはり横綱から思い浮かべると千代の山か。西南の役を前に外遊から帰国した村田新八は西郷と大久保の「大関同士の喧嘩だ」と看破した。当時の相撲の最高位は大関という認識なので、現代風でいうと横綱同士ということになる。

武蔵丸と千代の山。横綱同士の取り組みは面白そうだ。実際には不可能な夢の組み合わせなのだが、西郷と大久保は若いころに取っ組み合ったことはなかったのか。西郷は腕を怪我してから、身体運動として相撲をした。一方の大久保は文官の印象が強く、どうも運動をするようには思えない、と言っては失礼だ。ひと通りの武術は心得ている。やはり若いころには、竹馬遊びや甲突川の河原で相撲をとっていたのだろう（西田実『大西郷の逸話』）。

この両雄が若いころに取っ組み合いがあったと考えてもおかしくない話がある。大久保の死の数日前に、部下の前島密が大久保邸で晩餐中に聞いたという。「昨夜予は西郷と断崖の上に搏闘したり。乱撃交打力を極めて相争へるが、忽ち足失して二人相擁し、倶に崖下に墜落するを見る。而して予は為めに頭蓋を破り、自ら吾脳の微動するを見たり、……奇と謂ふべし……予は今後更に人と闘ふを夢みんには、或は胸肋を裂き、心の鼓動するをも目撃し得るや否やを知らず。然りと雖も心の動くや否やの如きは夢にだも願はざる也」（『鴻爪痕　前島密伝』）。

前島は、大久保がふだんは夢の話など一切するような人ではなかったから、不思議に思って聞いていた。暗殺事件の当日、前島は緊急の相談案件があって太政官に早く行っていた。「皆が出揃っても大将一人見えない。大変に遅いがどうしたのだろう」と言っていたら、紀尾井町の一報が入った（佐々木克監修『大久保利通』）。すぐに駆けつけて、前島が見たものは――

「公はまだ路上に倒れたままでおられたが、躰は血だらけで、脳が砕けて、まだピクピクと動いていた。二、三日前に親しく聞いた公の悪夢を憶い出して慄然とした」

これはかなり知られた話で、現場で見た大久保の遺体の状況がよくわかる。だが、西郷と大久保が議論、口論をして、それだけでは決着がつかず、「表へ出ろ」というように格闘したというところに注目したい。西郷はけっこう力づくが好きで、村田新八とも議論し、格闘してやっつけている。村田はそれでも負けを認めないのだが、どちらの話も仲が良いことの証明でもある。横綱同士の対決、武蔵丸と千代の山の一戦はどうやら武蔵丸の方が強そうだ。この力づくの気質は、大久保も含めて薩摩人には共通したものがあるのではないか。

話は一転して西郷と大久保が書いた墨書の世界に飛ぶ。二人の書いた字を、近代の書史にあって高く評価する現代の書家がいる。石川九楊『書の宇宙　二四』には、西郷と大久保の書がやはり並べて掲載されている。同書では、まず幕末の志士たちの書の位置づけをこう記す。

日本の儒学・儒者系の学問は、帝国主義段階に至った欧米との接触の中で、徳川幕府による支配を革命的に転覆せんとする「勤王」の思想を生んだ。この思想形成期における書は、吉田松陰の書に見られるように、いわゆる「唐様」の書を超えるものではなかった。しかし、西郷隆盛、大久保利通、副島種臣ら幕末の志士たちは、「唐様」に日本型「墨蹟」の表現を注ぎ込み、太い字画からなるエネルギッシュな一群の特異な書を生んだ。幕末維新期の志士たちの書は巷間で愛玩され、また戦前までは「幕末維新名家墨蹟」などの名称で、数えられないほど多数の作品集の出版がなされている。これらの書は、「唐様＋墨蹟」という構造をもつことによって、江戸時代の儒者たちの書と同時に禅僧たちの書を乗り超え、相対化する構造を有していた。（中略）

しかし、それは近代の書というよりも、やはり近代初頭の近代革命のエネルギー源を表現しえた書に位置づけられる。革命を担った西郷、大久保、副島らの世代を過ぎ、伊藤博文、西園寺公望らの世代となると、渦巻きうねるような表現はすっかり姿を消す。

前置きはここまでとして、所収の作品鑑賞と解説を見てみる。

西郷は「示子弟詩」と題された作品で、これは「幕末維新の書の典型。臭うような精気を放つ」

と評される。「筆尖は紙に対して垂直に立ち、紙面上をうねうねぐねぐねと、のたうちまわる」「連綿草書体で書かれているが、中国明末の連綿草と較べると、一点一画の書法、また筆の返しなどの正確さに乏しい。その意味では、禅僧墨蹟系の無法の書に属する」「和様の骨格を基軸にもちながら和様のように浮沈（痩肥）させないで、筆圧は一貫して高い。必ずしも爽やかなものではない筆圧を伴った蛇行こそが本作の特徴であり、明治維新をもたらした力源である」。

大久保は「下淀川詩」と題する作品。これもまた「幕末維新の志士特有の書」と解説される。「うねうねぐねぐねと蛇行し、回転する筆蝕は西郷隆盛と同様」なのだが、このあとが興味深い。「しかし西郷が、どちらかと言えば横の水平動にアクセントを置くのに対して、大久保は縦の垂直動にアクセントを置くことによって、字形はやや縦長に構成される。（中略）筆蝕の基調は同様ながら、西郷隆盛よりも構築性に富んでいる」。この作品には畳の上で書いたのか、点線のようなかすれがある。それについては「〈何〉のかすれの縞模様は畳の理の跡。書は力の表現であるから、この畳理は筆圧と筆勢の強さを強調する効果をあげている」。

ふたりの書は驚くほど近いものがある。その中での違いを解説されると、さもありなん、という気になってくるではないか。水平動の西郷、垂直動の大久保などと指摘されると、幕末維新史をかじる者はなるほどと思わざるを得ない。ふたりの体型にも似る。もっとも評者もそのことを十分に知ったうえでの解説であることも、また承知しておかなければならない。

さらに詳しい解説が『芸術新潮』一九九九年九月号の特集「明治維新を筆跡で読む　志士たちの書」に出ている。ここでは一般の書道史では無視される〝書の明治維新〟が語られている。西郷と大久保に共通することで興味深いのは、「墨痕淋漓」「一気呵成」「力感漲る」「躍動」といった書を評価する言葉は、彼らの書に対する印象がもとになっているという。それは起筆が鋭角ではなく丸く、丸太ん棒のような書線からなる書といってもいいとは、言い得て妙である。

前掲書の著者が語るのであるから採りあげた作品は同じだが、編集者の質問を受けた解説だから、より具体的で〝書は人なり〟の論が展開されている。

西郷については「筆蝕には柔軟さを秘めながらも、力でねじふせる書です。普通は転折するときに、いったん力を抜いて筆の表裏を返すんです。ところが西郷は筆を返さないで、そのまま強引に引っ張っていく。そのため筆先に無理が生じて、書線が不自然に蛇行したり、われたり、かすれたりする。（中略）西郷は紙から反発する力を感じているものの、それを無視して、さらにおさえつけて進もうとする。これはもう〝無法の書〟とでもいうほかありません」。

さらに人間性との関わりについての質問に答えている。「人間性まではどうだか。でも西郷の書はまさに無法の連続とでもいうべきものであり、それぞれの字のバランスや全体の構成には、まったくといっていいほど無頓着です。物事を構築するというようなことには、あまり関心がなかったんだと思います」と、なんだか当たっているようではないか。

大久保は、西郷より技術的には一枚上手のようだ。「西郷のように、ねじふせるところもあるんですが、決してそれだけではない。ふっと力をぬくところもある」「攻めながらも書くし、退きながらも書く。書線の太い部分と細い部分の落差がかなりありますよ」「大久保には物事を構築していこうという意志が感じられますね。意志と情念の筆蝕の表現にすべてを注ぎこんだ西郷とは大きく異なるところです」。ここまで来ると、二人の違いが浮き上がってくる。

興味深いのは鹿児島市の鹿児島本線にある「城山隧道」の両端には、それぞれの信条である「敬天愛人」と「為政清明」が掲げられており、「西郷の書字は水平方向に伸びていくのに対して、大久保の書字は垂直方向に伸びていく傾向がある」とのことだ。

すなわち「書字が水平方向に伸びるということは、横のつながり、つまり友人や同胞との連帯を大事にするという西郷の表われでしょう」。しかし西郷は「敬天愛人」といいながらも、人を愛するほうに重みがあり、西郷がいまなお絶大な人気を誇っているのは、これが一因なのではないかという指摘は鋭い。

一方、大久保の書は「垂直方向に伸びるのは、天地を意識することによって垂直動が強まっているんです。大久保は〝天を敬う〟が考え方の基本なんです」とはどういうことか。

西郷の「敬天愛人」という信条は〝人を愛す〟西郷と〝天を敬う〟大久保と二人が分け合っているのか。では大久保の信条「為政清明」とは何か。これは政治をなすにあたって清らかであるということであり、天に恥じるようなことは決してしないという意味だという。

「でも逆にいえば、天にさえ恥じなければ、他人からどう思われようと構わないということにもなり、また天地の高さの意識は官僚制をつくりあげることにもつながる。大久保が冷徹だというイメージは、そのあたりからきているのかもしれません」

これは見事な分析だといわざるを得ない。西郷と大久保の似ているところや共通点は多いが、それぞれに異なるところもある。それが筆跡からの分析とはいえ、ここまで二人の、いや両雄の内面にまで踏み込んだ分析はほかに知らない。まったく〝書は人なり〟とはよくいったものである。これに対して、この二人がコンビを組んでいたのだから明治維新は成しえたのだろう、と筆者が月並みで凡庸な感想しか持ちえないのは残念というしかない。

米田虎雄は父の熊本藩家老長岡監物のところへ西郷と大久保が来たころからの知り合いである。二人の仲をこう証言する（佐々木克監修『大久保利通』）。「西郷と大久保ぐらい仲のよかった者はあるまい。実に兄弟以上であった」。西郷は若いころ、背のスラリとした髪の毛のバサバサした男で、眼がギロギロと光っていた。島に流されてから、あの肥満体になった。

そこで大久保と吉井友実らが相談し、妾でもと勧めた。二、三日して西郷が見に来てくれと言うので行って見たら、妾ではなく、大きな犬が二匹いた。そんな笑い話もあったそうだ。そして、次の話はいかにも西郷は西郷らしい、また大久保は大久保らしい話である。

「御維新後に陛下から始めて御陪食を賜ったことがあった。その時大久保さんは威儀を正して正式に匙を以てソップを呑まれたが、西郷どんは皿のまま両手を持ってゾボゾボと一口に呑んでしまわれた」。こんな対照的な二人が兄弟以上に仲がいいというのは実におもしろい。

三　「おいは知らん」

征韓論政変に敗れて、西郷は鹿児島へ帰った。大久保は東京の政府に残った。結局、四年後に西南の役が起こり、両雄は薩軍と官軍として相戦うことになった。そして西郷は戦死、その余波で八ヶ月後に大久保は暗殺されて互いに世を去った。この二人が最後に顔を合わせたのは、あの征韓論をめぐる廟堂の争いで、これが最後の別れとなったのか。

違うのである。西郷は人知れず国へ帰ったといわれるが、そうではない。激しい論争をした当の大久保にだけは挨拶に行っている。これが両雄、いや竹馬の友であり、ともに人生を助け合い、ついには維新回天を成し遂げた盟友の、最後の別れとなった。その場面を伊藤博文が見ており、談話が伝わっている（勝田孫彌『大久保利通傳』）。

「伊藤嘗て人に語りて曰く、征韓論破裂するや、西郷は最後の別離に、一夕、利通を訪ひて曰く、（十月十五日以來、利通・西郷會合の事は、日記其他の記録に見へず、蓋征韓論の破裂前、乃ち未た切迫せさりし頃、西郷が利通を訪問せしことの誤ならむ、）事茲に至る、誠に止むを得ざる所なり、今より天下の事、兄夫れ之に任せよと、暗に後事を依頼すとの意ありき、予偶坐に在り、利通答へて曰く、國家將來の事、予、獨之に任すべきにあらずと」

伊藤は黙って見ていたのだろう。西郷は「もういい、後は頼む」といい、大久保は「自分ひとりにやらせるのか」と何か拗ねているようにも見える。丸カッコは二人が会ったという記録が見られないことからの著者勝田の推測であり、征韓論の破裂前のことではないかとしている。しかし、あとで見るように征韓論破裂後のことである。

さて、伊藤の談話にはまだ続きがある。

「蓋、利通の意は、爾來、國家の艱難益至るべく、特に西郷の力を要するもの多からむ、長く西郷の退隱を許さずして、共に力を致さゞるべからずと云ふにありしならんと雖も、問答の間に、多少意思の疎通を缺きたるが如き感ありき、其後、予、利通に向ひて曰く、曩に西郷と會談せらるゝや、公の應答少しく圓滿ならざる所ありしが如しと、利通曰く、予も亦、今日に於て其感なきにもあらずと」

黙って見ていた伊藤が、西郷が帰ったあと、あの言い方はないんじゃありませんか、と大久保に質した。大久保もまた、そうだったなあと思い返しているのである。文語体なので、このような書き方になっているが、もう少しわかりやすい記録がある。高島鞆之助が語る。

これはおいが伊藤（博文）公から聞いた話じゃが、西郷翁は征韓論が破裂すると、すぐ大久保公の処へ行かれた。そして、公に「おいは帰る、後の事はよかたのむ」と言われたそうじゃ。伊藤公は公の傍におられたそうじゃが、公は「おいは知らん」と素気なく言われた。そしたら翁はいつになく眼を瞋らして「知らんとはなんつうこつか」と言って、そのままプイと出て行ってしまわれた。なんでも二人が、これほど烈しい物の言い振りをされたのは始めて見たというお話じゃった。

伊藤公は嘘は申されんから本当じゃろうか、英雄の交際というものは凡夫には分からんのう。翁はそれから向島からどこかへ行ってすぐもう鹿児島へ行かれた。その後は両雄の間柄はあのとおり最後まで逢われなかったが、二人の心は相照らしていたに違いない。いつ喧嘩をしてもすぐ解ってしまったそうじゃが、あの時ばかい（ばかり）は惜しいことじゃった。

（佐々木克監修『大久保利通』）

実際の場面は、おそらくこれに近かったのだろう。伊藤が傍にいたことはいたのだが、二人はその存在など忘れて、鹿児島弁でやりあっている。西郷は挨拶に行ったのに、大久保はここでは拗ねるだけではなく愚痴っぽくもある。その大久保の態度に、西郷も西郷である。怒ってプイと帰ってしまった。年をとっても学校の同窓会では当時の言葉遣いに戻ってしまうように、両雄もまた年少のころの物言いではないか。二人だけのときは、こうだったのか。

大久保自身が西郷との別れを振り返ったことがある。明治十一年四月、前島密が大久保邸で晩餐に招かれたとき、そのときの様子を本人に聞いたのである（『前島密自叙伝』）。

予が西郷と分るゝるに臨み、既に別に言ふ所なく、又争ふの事もなかりき。彼は唯「何でもイヤダ」と曰ふを以て、予も「然らば勝手にせよ」と言へる位の物別れなり。元来彼は予の畏友なり、又信友なり、故に私情に於ても亦相離隔するを欲せず。此を以て予は力を尽して其西帰を止めたり。而して彼唯イヤダの一言を以て一貫し去り、遂に去年の惨劇を演出せるは、誠に残念の極なり。ア、西郷当年イヤダの一言、今尚予をしてイヤダ……の感を抱かしむ。片言と雖も、イヤナ言もあるものかな。

この話は伊藤が目撃した別れとは、どこか異なる印象を受けないか。目撃談はあくまで第三者の受け取りなのであり、当事者である大久保本人から言わせれば、こうなのかもしれない。また薩摩弁の会話を、長州人の伊藤がどこまで理解できたものか。ただ、大久保が「力を尽して其西帰を止めたり」というのは、この場面だけのことではないのだろう。

征韓論政変は国家にとってあまりの事態に三条太政大臣は昏倒し、大逆転の結果として、西郷は鹿児島に戻って行った。途中、西郷は大阪に立ち寄った。このころ堺県令をしていた竹馬の友税所篤が訪ねてきた。中央政局のことを聞くと、「一藏依然として政府に留れり、宜しく彼に問ふべし」とだけ言ったという（勝田孫彌『大久保利通傳』）。

それから、鹿児島に帰った西郷を土佐の林有造が訪ねたときの話が『自由党史』に出てくる。明治七年一月、篠原國幹の家に七、八人の幹部が列座していた。この席で西郷が話した。

「抑も木戸は予を殺さんと欲するも、土佐の予を助くるを恐れて敢て發せざるのみ。是故に予の切に足下に望む所は、土佐が木戸を助けて之を慫慂し、以て其手を予に加ふるに至らしめんこと是なりと」と。林はこれを拒み、「閣下の如きは之を稱して驕兵といふ、兵驕る者は克たざるなり、閣下願くは三思せられよと」。しかし、西郷は前言を繰り返すのみだった。

それで林は、「薩摩は人多し之を甄別するには如何すべき」とたずねた。これに対して西郷は「直ちに筆を執りて先づ『芋連』と書せる題下に、自家並に篠原、桐野等領袖七八人の姓名を記し、次に『腐芋連』の題下に、大久保利通、川路利良等三五人の氏名を列ね、終つて呵々大笑したりといふ」。この話はよく語られるが、これを聞いたはずの林有造の「旧夢談」には登場しない。木戸が殺そうとしている話だけであり、この点は留保が必要である。

西郷はまたこの年八月三十一日付の篠原冬一郎宛の手紙に、台湾問題の解決のため北京へ向かった大久保について触れている。篠原がこの事件の情報を西郷に送り、これを見たうえでのことである。この時期、実弟西郷従道がまだ台湾に滞在している。西郷は清国との談判は決裂せず、開戦にはならないとの見通しを語り、「夫故大久保も出立候わん」と書く。

その大久保について「尚又金を取る賦にて是を見付け候わんか、然しながら此の金は取れ申す間敷と愚察仕り候。金になす賦なれば、今一層兵力を増し、十分戦いと決し、勢ひ相付け候わば金にも成り申すべく候得共」と、償金に言及する。

「武官の方にて兵勢を張り立て、今二三大隊を取り寄せ、十分兵威を厳重に致すべき処、却って金談を言い掛けては兵威全く減じ、勝を人に譲り候ものと相考え申し候」。兵威も見せつけずに金の話に持ち込むとすれば、勝ちを相手に譲ったと同じである。それで「和魂の奴原何ぞ戦斗の事機を知るべきいわれこれなしと相考え申し候。呵々大笑」(『西郷隆盛全集　第三巻』)と、和魂の奴原とはつまり和睦根性の大久保への当てこすりであろうか。

前年の征韓論政変でいったん辞表を出した大久保について、「薩人第一ノ腰抜ケノ辭表、速ニ御聞届可然ト申述ベタル由」(『保古飛呂比　五』)の西郷である。日清間の展開は予想通り戦争にならなかったが、償金問題の見通しは外れた。西郷は談判では十分な兵力と覚悟を強調しており、あのとき遣韓大使となっていたら、そうするつもりだったのか。

思えば、大久保はあの西郷の征韓論政変で参議を受けて立つとき、死を覚悟していた。もちろん、それまでの大久保の半生も命がけであったが、このときは遺書を書いている。

「皇國危急存亡ニ關係する之秋与被察然るニ此難を逃ケ候様之譯に相當り候而も本懷にあらず且譾劣之一身上進退之事ヲ以國家之大事遷延相成候様にても多罪を重子候義与致愚考斷然當職拜命此難ニ斃れ而以而無量之天恩ニ報答奉らん与一決いたし候」(『大久保利通文書　五』)

大久保は国難に逃げるのは本懐ではなく、ここで倒れてでも天恩に報いたいと決心した。すでに参議である木戸孝允は病気がちということもあって前面に出てこない。どちらかというと、評論家風なのである。明治政府の大久保と木戸との関係は〝仲の悪い夫婦〟という評言がある。寡黙な夫に愚痴をぶつける妻、表に出て事に対処するのは常に夫である。

「此難小子あらされハ外ニ其任なく殘念なから決心いたし候事ニ候乍去小子天恩を負戴候事は實ニ不容易次第殊ニ明世之時に遭遇し身後之面目何事か之に如かんや小子一身上ニおひては一點之思殘事なく候」。大久保は逃げなかった。たとえ相手が西郷隆盛であっても、国家のためにそれができるのは自分しかいない。そう言い切って、米国留学中の長男彦熊、次男伸熊に父親としての言葉をかけている。

この兄弟は父が立ち向かおうとしているのが、あの西郷だと知っていただろう。父と西郷とは、牧野伸顕の回想（佐々木克監修『大久保利通』）によると、「死生訂盟とか肝胆相照とかいう言葉を今一層超越したちょっとは想像のつかぬ友情であった」。西郷が大久保家に遊びにきて字などを書くときに、兄弟は墨をすったり、画箋紙の端をおさえたりしていた。

「只企望する處小子か憂國之微志を貫徹して各憤發勉强心を正し知見を開き有用之人物与なりて國之爲ニ盡力して小子か餘罪を補ひ候樣心懸可被申候」。父親の憂国の志を息子たちは貫徹せよ、一身上では一点の思い残すことはないが、その足らないところを補うよう心掛けよ。

「彦之進殿伸熊殿ハ米國に在て勉強未二か年ニ満す候得共其成進人におくれ不申候由追々歸朝之人々より傳承小子か歡意外にあり此上愈以精勵成業可致候小子か變ヲ聞而外国に有るハ可驚候得共小子か膝下ニ居候而も姑息ヲ以歓トスル事なし」

米国留学中の長男彦熊、次男伸熊は「小子か變」を聞いても、勉学に励んで国家有用の人物となってほしい。日本で一緒にいてもその場の問題であって、同じことであるから動揺するな。これから五年後、ほんとうに父親が倒れたとき、大久保家の子どもたちは決して動じることはなかった。少なくとも外部に対しては、である。

参議を引き受けて、死をも覚悟している大久保は、とうとう西郷と対決した。このときの模様は小説などでいろいろと描写されているものの、確たる記録は残されてない。したがってその様子は想像の産物であるから、実際に西郷がどうした、大久保がどうしたということは一切わからない。わかっているのは西郷の主張と大久保の主張がそれぞれ文献で窺えるだけであり、これらから論じるしかない。

そして西郷に気圧された三条、岩倉は大久保を裏切る決定をした。十月十七日、大久保はただちに太政大臣三条実美に辞表を提出し、書簡を添えた。そこには自分は参議を辞任するのだが、「乍去國家之事度外ニ置候心事毛頭無御坐候間若禍端相開き候ハ、兵卒与も相成一死を以萬分之一死を報し度微衷」と心情を吐露している。国家の重責から離れても、国のために戦争になったら一兵卒となって奉公するというのである。

さて、明治という時代も終わりに近づいたころである。日清、日露戦争も何とか乗りきった、国家の元老伊藤が明治四十二年十二月九日に、西南の役勃発のときの大久保の様子を語った記録がある。ハルビンに向かう船中で語ったものであり、伊藤もまた自ら凶変に遭う数日前のことである。『大久保利通文書　八』から引用しよう。

少し長くなるが、西郷を思う大久保の気持ちが全編に読み取れる。ただしストレートな感情の表出はない。表向きには動きがほとんどなく、それだけに大久保の心中を察しなければならない。まるで能舞台を見るようにして、伊藤の語るところを追ってみたい。この話からは晩年の伊藤の心の動きもまた窺えるようである。

「明治十年鹿児島私學校黨カ兵ヲ擧ケタト云フ情報カ政府ニ達シタ時ノコトテアル大久保サンカ一日閣議ニ於テ突然述ヘラル、コトニハ今度ノ不穩ノ報ニ對シテ自分ハ深ク感スル所カアル是非賜暇ヲ願ヒ歸縣シテ西郷ニ面會シテ見度イ恐ラク大事ヲ未發ニ制スルヲ得ンカトノコトテアツタカ大臣参議相見テ驚ロキ誰レモ暫シ言葉ヲ發スルモノハナカツタ蓋シ當時政府ノ情勢ハ一時一刻モ大久保サンカ廟堂ヲ離ル、コトヲ許サナカツタカラテアル」

粛々とした閣議で、突然、大久保は私学校の挙に深く感じるところがあるといい、休みをとることを願った。鹿児島に帰って、西郷と会いたい。おそらく事が大事に至らないようにできるのではないか、という趣旨だった。大臣、参議はみな驚いて顔を見合って声もない。当時の状況は、大久保が政府を離れることは許されない状況だった。

「ソコテ自分カ先ツ言葉ヲ切ツテ若シ御出ニナレハ後ハ如何ナサル御考テアルカト尋ネタ大久保サンハ答ヘテ云ハル、ニ内務卿ハ暫ラク伊藤サンニ代理ヲ御願イ致シ度イト此ニ於テ自分ハ言葉ヲ強メテソレハ以テノ外ノコトテ此ノ際ニ於ケル内務卿ノ代理ハ到底御請ケハ致シ難イ縦令勅命ナリトモ此事タケハ御辭退仕ルト明白ニ大久保サンノ鹿兒島行キニ反對シタ大臣始メ自分ニ同意サレ大久保サンノ内願ハ閣議ノ容ル、所トハナラナカツタ」

この沈黙は伊藤が口火を切って破った。その間はどうするのか、どう考えているのか。大久保は言った。伊藤にしばらく内務卿の代理をしてもらいたい。伊藤はとんでもない、たとえ勅命だとしても、これだけは辞退すると言い張って、大久保の鹿児島行きにはっきり反対した。ほかの大臣たちも伊藤に同調したので、大久保の願いは聞き容れられなかった。

「大久保サンハ翌朝カラ病ト稱シテ出勤サレナカツタ然ルニ國事多端ノ際ナレハ病ヲ勉メテ参朝スヘシトノ御沙汰下リシニ流石ハ大久保サンテアル翌日ヨリ例ノ如ク出勤サレ言再ヒ此ノ事ニ及ハレナカツタ」

珍しく、大久保は拗ねている。閣議でみんなに反対され、翌日から引きこもりをしたのである。これには国事多端の時期だから、病であっても出て来い、との沙汰が下った。すると、翌日から大久保は出て来た。もう二度と同じことは言わなかった。一切の愚痴もこぼさない。

ここで伊藤が「流石は大久保さん」という言葉を挟んでいるのは、木戸孝允のことが頭にあったからだろう。このころの伊藤は、木戸をトップとする長州閥であっても大久保派といってもいい存在になっていたし、二人のキャラクターをみていたにちがいない。

「抑モ自分カ當時思イ切ツテ反對シタ理由ハ深ク考ヘタ譯カアルカラテアル征韓論破裂後ノ情勢カラ國家ノ政治ハドウシテモ大久保サンヲ推シ立テ、遣ツテ行カナクテハナラヌ自分モ驥尾ニ附シテ犬馬ノ勞ヲ取ツテ盡力スル決心テアツタ然ルニ彼ノ際ニ若シ歸縣サル、カ如キコトアラハ實ニ重大ナル問題ヲ生スルニ違ヒナカツタ或ハ肝膽相照ラシタ兩人ノコトナレハ西郷サンモ大久保サンヲ迎ヘコレ迄ノ行違ヒモ能ク分ツタト釋然意思ノ疎通カ出來タカモ知レナイ」

確かにこのときの政府は大久保が先頭に立って、伊藤と大隈がその両輪となって支えていた。大久保が鹿児島に行ったら、どうなるのか。いや、西郷は喜んで大久保を迎え、これまでの行き違いも互に了解し合ったかも知れない。なにしろ両雄は竹馬の友であり、苦しいときは助け合って生きてきた、肝胆相照らす仲ではないか。いや……。

「然シナカラ不幸ニシテ事齟齬シテ周圍ノ事情ヤ行懸リカラ如何トモ詮ナシト云フ場合ニ立チ至ツタナラハソレコソ一大事テアル熟々思フニ大久保サンカ閣議ノ席テ鎮撫ノ爲メ遙々歸縣シテ西郷サンヲ説クト決心サレタ以上ハ期スル所ヲ達シ得スシテオメ〳〵ト手ヲ空フシテ踵ヲ廻ラスヤウナ人テハナイ自分ハ多年朝夕親炙シテ大久保サンノ氣質ハ能ク承知シテ居ルカラ彼ノ時ノ發議ニ就テハ大久保サンノ心中ヲ讀ムコトカ出來タト思フ」

伊藤は大久保に接近してからというもの、その人となりを深く知るようになっていた。ひとたび大久保が決意して鹿児島に行き、西郷と二人だけで会うことができたらいいが、何らかの行き違いや周囲がそれを阻むことも十分にあり得る。そうなったときに大久保という人間はおめおめと帰ってくるようなことはしない。そのときはどうなるのか。

「大久保サンカ西郷サンヲ説得ニ行カレ若シ事志ト違ツテ議論合ハサルトキハ是ニ至ツテハ致シ方カナイオ前ト己レト共ニ刺違ヘテ死ナフテハナイカ兩人カ居ラナクナレハソレテ事カ濟ムタロウト云フ風ニナルノテハアルマイカ斯ウナツタ時ニハソレコソ大變ナコトテアル兩人ヲ

一時ニ失フタカラニハ世ノ中ハ眞ノ暗テ土崩瓦解ハ火ヲ覩ルヨリ明ラカテアル是レカ自分ノ心中ニ在ツテ反對シタ理由テアツタ」

西郷と大久保のことだから、ともに刺し違えて死ぬということも考えられる。二人さえいなくなれば事が済むというのなら命を捨てることも辞さないのが西郷であり、大久保なのである。だが、二人がいなくなれば、それこそ明治国家にとっては大変である。伊藤はこれこそが大久保の鹿児島行きに反対した理由であるという。

「兵亂ノ始メニ川村中將ト林少輔カ鹿兒島ニ御使ニ行ツタ時サエモ西郷サンハ逢フト云ハレタト聞イテ居ル若シ大久保サンカ遠ク出懸ケラレタトスレハ西郷サンハ大久保カ來テ呉レタカト喜ヒ迎ヘ或ハ釋然了解カ出來タカモ知レナイコノ立場カラ云フト彼ノ時反對シナカツタ方カ西南ノ戰亂モ無クテ濟ンタカモ知レヌ然シ當時自分ハ大久保サンノ心中ヲ推測シテ歸縣サレタラ天下ノ大事遂ニ去ルヘシト思ヘハコソ反對シタノテアツタカ或ハ反對セサリシ方カ國家ノ爲メテアツタカモ知レナイ兎ニ角今テモ猶ホ色々ニ思ヒ返ヘシテハ感慨無量ニ堪ヘナイノテアル」

あのときから三十年以上も経ってからの伊藤の回顧である。もしかしたら大久保が行けば西郷が喜び、たがいに了解して戦乱はなくて済んだかもしれない。伊藤が反対せずに大久保を行かせたほうが国家のためには良かったのか。

伊藤が懸念した大久保と西郷の刺し違えは、決して杞憂ではない。

文久二年に久光が初めて上京したとき、西郷は奄美大島から戻された。しかし、このときの計画は斉彬の構想を具体化する意味があったにもかかわらず、西郷は久光が斉彬とは違って鹿児島しか知らぬ「地五郎」とも言って、強硬に反対した。大久保の説得で過激派を抑えるために先発することになったが、久光の命令に反し、下関に留まらず、京へ上ってしまった。

当然のことながら久光は激怒した。心配した大久保は京都の西郷を追いかけた。しかし、この間に伊地知貞馨や海江田信義の不確かな報告を受け取った久光は、直ちに西郷の補縛命令を出していた。大久保本人は西郷と会って話を聞き、とくに大きな問題がない様子に「安心した」と日記に書く。しかし、兵庫に戻って久光一行を迎えた大久保が耳にしたのは西郷の補縛命令だった。久光は大久保にも会おうともしない。

西郷はどうなるのか。島から戻ったばかりであり、捕えられて、その後の処分は厳しいものになるに違いない。愕然とした大久保の宿に、当の西郷が訪ねてきた。何も知っている様子はない。大久保は外に出て二人だけで話そうと、西郷を誘った。

そこで大久保は絶望的な状況にあって、四月九日の日記に「篤与申含候處従容として許諾拙子も既に決斷を申入候何分右通にて安心ニ而無此上」と書く。これでは何をいっているのか、さっぱりわからない。このあたりが大久保日記の面白くないところである。

勝田孫彌『大久保利通傳』を見たい。要するに西郷は従容として藩命を拝し、兵庫で大久保の宿を訪れた。村田新八らも同行していたが、大久保は西郷と二人だけになるために外へ出た。海辺であり、さらに人のいないところまで行き、大久保はようやく口を開いた。

「今や天下の形勢は大に變じ、我黨の宿志漸く緒に就かんとす、然るに、久光公は伊地知・海江田等の報告に依り、足下を以て浪士の輕擧に與して暴發を計るものと爲し、其盛怒また解くべくもあらず（略）吾黨が多年の計畫徒らに水泡に歸すと雖も、之れ命なり、足下、若、奸吏の手に附せられなば、予、豈空しく生存すべけんや、今や、我黨の事終る、請ふ共に死に就かんと」

さすがの大久保もここでは感情的になっている。西郷と二人だけのときは、どうも他人に対するときとは違う。西郷が捕まって極刑に処せられれば、自分だけが生きていられようか。多年の計画はもはや事終るのであり、これも天命なのであり、刺し違えよう。

「西郷曰く、久光公の激怒、君側の狀況にして此の如くならば、また已むを得ざるなり、然れども、若夫れ、互に耦刺して死せんか、誰か能く後事に任じて、勤王の大志を貫徹すべきぞ、予は如何に詰責を蒙り、如何に縲絏の辱を受くるとも、敢て辭する所にあらず、當に君命を奉じて罪に付すべし、足下は宜しく堅忍して後事に任じ、國家王室の爲めに盡力する所なかるべからずと、當時利通は深く決心する所ありしが、西郷の意見を聞きて、遂に耦死を思止まれり」

そうなったら、誰が勤王の大志を貫徹するのだ。自分はいかなる辱めに耐える。しかし、大久保は堅忍して国家のために尽くせ。後は頼む、任せたぞ。――ここは年少の頃と同じく、西郷はよくできた兄であり、やんちゃな弟を説き伏せた。

それからの大久保は耐えた、粘った。しばらく謹慎させられていたのを、小松帯刀が復命させた。それでも西郷の同志であることから、久光の随員から外そうという動きがあった。この状況を西郷は木場伝内への手紙で「大久保抔は私一件より大きに忌まれ、位を保ち候儀もあぶなき儀に御座候得共、私をケ様に致し又大久保迄落し候ては、人気混雑致すべく迚漸く助ひ候向きに御座候が、只今共は如何の振り合いに罷り成り居り候や」（『西郷隆盛全集　第一巻』）と書いている。

ここでいう「人気混雑」というのは、随員の中に西郷・大久保の同志が多数いて、もし大久保までやられたら、彼らが黙っていないということだろう。このころ久光の側近で力を持っていたのは中山尚之介であり、大久保とは口もきかなくなっていた。大久保は大久保で、「予は随員として今日に至れり、帰藩すべしとの命に接せざる間は、随従して上京せざるべからず」と吉井幸輔らに毅然として語ったという。この逆風下にも屈せず、忍んで、ついに排斥されることはなかった。

こうした当時の薩摩藩の雰囲気の延長線上に、あの寺田屋事件が起こったのである。さらには江戸への大原勅使に随行し、その帰りに生麦事件があったというべきか。

四　政府え尋問の筋

明治十年である。私学校勢に取り囲まれてしまった西郷のナマの言葉は聞こえてこない。ただ私学校が隊伍を組んで態勢を整えたとき、この知らせを受けた西郷は膝を打って「しまった」と言った。その様子を温泉にいっしょに来ていた菊次郎が手真似までして、竹馬の友の牧野伸顕に語っている（『回顧録』）。そのあとの西郷の言葉も聞こえてこない。

英国の外交官アーネスト・サトウが面会した時も、西郷はなにも意味あることを語らない。私学校勢に監視されているような状況だった。すでに三年前に林有造が訪ねてきたときも側近に囲まれていたが、西郷が自由に動けるのは温泉と遊猟だけだったのか。

西南戦争直前の西郷と鹿児島の様子を客観的に知るほとんど唯一の記録は、萩原延壽『遠い崖　アーネスト・サトウ日記抄』の第十三巻「西南戦争」かもしれない。賜暇をとってイギリスから日本に戻ってきた外交官サトウはかつて「黒ダイヤのように大きく光る目玉」と親しみを込めて描いた西郷と会った。

二月十一日、鹿児島に当時いた医師ウイリス家に西郷は来た。しかし異様である。

「西郷には約二十名の護衛が付き添っていた。かれらは西郷の動きを注意ぶかく監視していた。そのうちの四、五名は、西郷が入るなと命じたにもかかわらず、西郷に付いて家の中へ入ると主張してゆずらず、さらに二階へ上がり、ウイリスの居間へ入るとまで言い張った。結局、一名が階段の下で腰をおろし、二名が階段の最初の踊り場をふさぎ、もう一名が二階のウイリスの居間の入り口の外で見張りにつくことで、収まりがついた」

会話は取るに足りないものであった、という。「西郷とわたしも二、三ことばを交わした。西郷は、下士官と兵の数は一万を越えるであろう、出発日は未定であると、われわれに語った」というのが一部始終である。

十二日「大山の各県令宛の回状と、中原の口供書を貼った掲示板が、ところどころに立てられた」

十三日　「今日は旧暦の元旦で、ひとびとは以前とかわりなく、これを祝っている」
十四日　「終日、吹雪が荒れ狂った」「前衛は今日出発した模様である」
十五日　「二千名から成る二大隊が今日出発」「野村某（綱）の口供書が掲示された。これは
　　　　西郷暗殺の陰謀に関して、直接大久保に罪を負わせている」
十六日　「四千名の部隊が出陣していった」
十七日　西郷が出陣した。サトウは見送りに行かなかった。

しかし、「ウイリスは西郷の出発を見送りにいったが、ウイリスの話だと、西郷は日本の陸軍大将の正装を身につけ、舶来の葉巻をくゆらしていたそうである」とある。鹿児島の城山を背に桜島を睨む西郷の銅像は、この正装ではなかったか。あれに舶来の葉巻をくゆらすところを想像すれば、当日の西郷の姿がよみがえる。

東京に帰任したサトウは三月末、旧知の勝海舟を訪ねた。ここでの勝の話もまた異様である。政府軍勝利の報道は出鱈目で熊本城は落城した、内乱阻止に必要なのは大久保と黒田の辞職だ、川路が西郷暗殺のために部下を派遣し、大久保もこの陰謀の一味だと信じる、と。この現実と向かい合わない勝の姿勢は、大坂を脱出する前に徳川慶喜が我が方に西郷、大久保のような人材はいるかと言った、あのはぐらかし問答を思い起こさざるを得ないではないか。

ほんとうに西郷は何を考え、どう語ったのか。まとまった伝聞としては、当時の鹿児島県令大山綱良の証言がある。政府に捕えられたあとの供述である。『鹿児島県史料　西南戦争』所収の「鹿児島県一件書類」では、西郷が出立するときの決意を伝えている。

「自分此地ニ在ラハ生徒等ヲシテ暴動ハ為サシメサルヘシ、然ルニ今日ニ至テハ致方無シ、中原等ノ事ヲ聞クニ我カ一身ノコトヲ自分ニテ取糺スコトハ不都合ナレトモ、已ヲ得ス自分カ出京シテ大久保ニ尋問スルコトニ決シタリ」。そこで大山は多数の兵を率いて東京まで行くのは困難ではないかと質すと、「大将ノ任タルヤ全国ノ兵ヲ率ルモ天皇陛下ノ特許ニシテ、則大将ノ権内ナリ、時機次第鎮台兵ヲモ引率スヘシ」と答えたのである。

さらに大山が「沿道ノ府県鎮台等ヘ通知セサレハ不都合モ料リ難シ」と言うと、西郷は文案を持っていくので、中原等の口供も添えて県庁で取り計らってほしいと頼み込んだ。

これが二月七日の話だった。十一日になっても、県庁へは何も届かない。そこで大山は一等属今藤宏を私学校へ催促に遣わした。しかし御届書の文案はなく、「唯中原等二十一名ノ口供ノミ西郷ヨリ今藤ヘ託シ」たのだが、このあとが注目すべき証言である。

「拇印ハ跡ヨリナサシムヘシト申越シタリ、然ルニ其口供ハ全ク草稿ノ儘ニテ、書中次第不同且枝葉ノコト等多ク不都合ニ存セシ間、県庁ニ於テ中山・河野・今藤・仁禮景通五等警部ノ四人斟酌シ、大眼目丈ヶニ取直シタリ、其後自分一見シ二月十一日今藤ヲ以テ西郷方へ差遣タリ」

中原らの暗殺計画の一件は鹿児島中に広まっていたのに、肝心の基となる口供書はバラバラであった。それにこの時点でも拇印がないではないか。しかも草稿のままで、それぞれの内容も大雑把で細部は一致しない。結局、おおまかな要点だけを県庁でまとめたという。

このあと届いた県庁への届書が残っている。大山宛に「拙者共事、先般御暇の上非役にて歸縣致居候處、今般政府え尋問の筋有之、明□當地發程致候間、爲御含此段届出候。尤舊兵隊の者共随行、多數出立致候間、人民動搖不致様、一層御保護及御依頼候也」とし、西郷、桐野、篠原の三名の署名がある。□は空白、実際に出立の日を書き込めばいい。

たしか、西郷は「大久保ニ尋問スルコトニ決シタリ」と言っていたのではないか。それがこの届書では西郷のほか桐野、篠原の署名も入って、尋問する相手は大久保個人ではなく、政府になってしまっている。そして二月十五日、鹿児島県庁から熊本鎮台司令長官への照会書が送られた。これは陸軍大将西郷隆盛の名義である。

「拙者儀、今般政府へ尋問の廉有之、明後十七日縣下發程、陸軍少將桐野利秋、陸軍少將篠原國幹、及舊兵隊の者共随行致候間、其臺下通行の節は、兵隊整列指揮を可被受、此段照會に及候也」

県庁への届書とは前半が「尋問」の「筋」が「廉」とやや強められているが、後半がまったく異なる。書き換えられている。陸軍大将が行くから、鎮台の兵隊たちは整列して指揮を受けよとは、西郷のいう「時機次第鎮台兵ヲモ引率スヘシ」に県庁が応えたものだろうか。

しかし翌十六日、これを取り消すよう、西郷は県庁の今藤宏宛に手紙を送っている。「先刻御引合相成候肥後鎮臺え掛合の一條、縣廳間違にて掛合いたし候儀を申分り、早々御取消可被成下候……」。つまり県庁の間違いであり、西郷の知るところではない、と。この日はまた大山県令にも取り消しの念を押す手紙を執拗に出している。

何か西郷と大山の間はしっくりといっていないようである。西郷にとっては、かつての仲間であったはずなのだが、このころは齟齬があるといってもいい。思い当たるのは、明治六年六月二十九日付け叔父の椎原輿左衛門宛の手紙である（『西郷隆盛全集　第三巻』）。

「此の格州の振る舞い実に驚き入り候仕合い、銭の金のと申す事計り、全くの商人肌合いに成切り居られ、是にて向うの人の機嫌に叶う様にてもてなし、彼にても（二字不明）にいたし、只自分の面計を能くいたし候軽薄なものに陥り候故、皆々人望を失し、当時は盗犬の如くひろ〳〵いたし居られ候体、見苦敷次第に御座候。ケ様な人と共に事を断じ候儀は出来申す間敷」

格州こと大山綱良は、このように西郷から罵倒されていた人物である。その大山が政府側の取調べ口供書では、西郷が出立するときの決意を伝えているのだから、そのまま受け取らないほうがいいのかもしれない。もちろん、西郷というより私学校の圧力もあったことだろう。私学校の蜂起の理由として、西郷暗殺の企てが挙げられている。一方の、大久保の当初の情勢分析に「暗殺」の一件は出てこない。大久保の生涯を見渡すと、陰はあっても闇はない。西郷の周辺に〝人斬り半次郎〟はいたが、大久保にはそのような人物は見当たらない。

のちに大久保の言葉として、前島密が次のように聞いている（『鴻爪痕』）。

「予明鏡に対し自ら顔色を照らす、毫も洒々落々の態なし。想ふに是或は予に西郷暗殺の陰険手段ありたりと誣言せられし所以なる乎。男子は宜く洒落の顔容なるべし……予は出身以来世事の否塞に遇ひ、困難幾回なるを知らず。然れども其讎敵反抗に会し未だ曾て暗殺兇険の害意を生ぜることあらず。是予が神明の照鑑に対し、毫も翳陰なき所なり」

しかし一連の大山証言では、西郷は出陣する二月十七日に「今般捕縛セシ中原等ノ口供ヲ見レハ、全ク川路利良ノミノ内意ヲ以テ来リタルコトト思量セシニ、野村綱ノ口供ヲ見レハ陸軍省ノ火薬取寄等ノ事ハ、内務卿ノ関スル事柄ニ非サルニ、其火薬取寄セノコトヲ大久保ヨリ野村ニ告ケタル趣ニ依リテ考レハ、川路ノミニ非ス大久保モ此度ノ事件ハ委細承知ノコトト察セラル、ナリ」と言ったというではないか（「鹿児島県一件書類」）。

政府側では寝耳に水である。岩倉具視の三条実美、木戸孝允、大久保宛二月十七日付書簡に「河村大輔電報川路云々如何之事かと不審に存候僞策ハ固より不待論議其上視察云々は警視官之職掌不審あるへき様無之事に候全く文字音通上にて視察と刺殺と取換へ候にや彼れ名義を求むる爲に歸縣致候警察之輩捕縛ことに川路指揮を受け視察に來るやと詰問の處何れも視察の内命ありと云ふへし右を策略上に用ひ候に無之哉と存候」（『岩倉具視関係文書　七』）とある。警視官の職掌である「視察」を「刺殺」として策略に用いたのか、と。

当時の私学校は、落合弘樹『西郷隆盛と士族』が引用する「三条家文書」の明治八年作成「鹿児島県探偵書」によると、「模様三段ニ分レタリ」という。「上ノ段ノ意、下段全クシラス。中段ノ処、大ニ激発ノ様子。然レトモ凡テ上段ニテ議論ヲ決セリ」であり、日清談判で大久保が開戦に持ち込まなかったのを不服として、何と政府要人たちの暗殺計画を立てていた。

「各盟義ヲ結シテ廟堂ノ奸臣ヲ除クト唱ヘ、右大臣岩倉公ハ何某々ニ、参議大隈公ハ何某々、大久保公ハ何某々ト既ニ各決心シ、亦西郷氏モ旨趣ノ向フ処茲ニアルヘシ」。しかし、この暗殺計画を西郷に示したところ、叱責されてしまったのである。ということは、中原警部らの暗殺計画とは、彼ら自身の投影ではなかったのか。自分たちがそうだから、政府側もそうにちががいない……。逆に政府側にとって、西郷は暴発を抑制する存在になっている。

政府側の暗殺計画が浮上するきっかけとなったのは、中原尚雄の旧友という谷口登太の存在である。そう聞いたという谷口の通告から、中原らは私学校に次々と逮捕され、拷問の末に口供書をとられた。政府から探偵、スパイが入るのは問題とはならない。私学校で読まれる『評論新聞』の海老原穆は逆に東京の様子を探り、挑発をする役割すら果たしている。私学校にとって「西郷暗殺計画」なら単純でわかりやすく、火に油を注ぐようなものではないか。

これに対して中原らは口供書は捏造であり、拇印も強要されたと終生言い続けた。一方の私学校の取調べ担当者は後の裁判で拷問を認め、中原らが暗殺について自供せず、拇印の強要を認めて有罪判決を受けた。あの谷口も、中原から暗殺の話は聞いておらず、私学校が勝手に作ったのではないかと証言した。ところが谷口は三十年以上も経ってから、郷里鹿児島で発言を翻した。どうもそのときそのときの力の支配する場によって、発言が変わっていくようだ。

一方、大久保が郷里鹿児島で私学校暴発の状況を聞いたときの、手紙の言葉はよく引用される。「朝廷不幸之幸与竊ニ心中ニハ笑ヲ生候位ニ有之候」というものだが、二月七日付伊藤博文宛の書簡である。六項目の箇条書きで、かなりの長文になっている。この有名な言葉は私学校の暴発についての文脈で述べたものであって、西郷の出馬とは別の文脈なのである。それを混同した記述が間々見られるので、きちんと引用したい。

ここにある箇条書きの第一は、政府の火薬庫を襲った暴発は桐野利秋以下の輩が決めたことに疑いがない、ということである。西郷は温泉に行っており、その間に桐野の家には壮士たちが集まっていた。西郷はかねてから外国と必ず事を起こすことがあるから、そのときに断然突出すると言っていたのに対し、桐野は「其説古シト嘲笑セシ」といっているという。このあたりは鹿児島から探偵が送ってきた情報に基づいた記述なのだろう。

西郷については「兼而御承知有之通之氣質故丁寧反復說諭スル流儀ニ無之一握ニ方向ヲ捻チ廻ハサセ候例之方便上ニ出候譯ニ而決而無名之輕擧をヤラカス趣意ニ無之与信用仕候」である。西郷はいちいち丁寧に説明したりはしない気質なのであり、名義のない軽挙には乗らないと大久保は信じている。

それで私学校の壮士たちについては、「此節之端緒よりして若干戈与相成候得ハ名もナク義もナク實ニ天下後世中外ニ對し而も一辭柄之以テ言譯も不相立次第實曲直分明正々堂々其罪を鳴らし鼓ヲ打テ之ヲ討セハ誰カ之ヲ間然スルモノアランヤ」という。すなわち彼らがこのまま挙兵したならば名分もなく、義もなく、討伐するのには間然するものがない。

こうした分析があってこそ、「就而ハ此節事端を此事ニ發キしハ誠ニ朝廷不幸之幸与竊ニ心中ニハ笑ヲ生候位ニ有之候」と、例の言葉につながるのである。文脈を無視して、この言葉だけを採り上げて大久保を論うのは無理があると思うのだが、どうだろう。それよりもいかにも大久保らしいと言うべきは、むしろこのあとのくだりである。

「前條次第ニ候得ハ西郷ニおひてハ此一擧ニ付而ハ萬不同意縱令一死ヲ以テスルトモ不得止雷同して江藤前原如キ同轍ニハ決而出テ申ましく候」。これまでの事情から、西郷が彼らに同意することは万に一つもない。西郷はたとえ死んでも雷同せず、江藤新平の佐賀の乱、前原一誠の萩の乱のようなことは決してない。

しかし大久保はすべての状況を考えている。あらゆる可能性をも視野に入れている。それが将器というものである。「想定外」などという言葉は、決して指導者が口にすべきではない。この言葉を動転して口走るのは、自ら将たる器ではないことを喧伝しているようなものだ。

そこで万が一のさらに万万が一のこととして、西郷が出馬したとしたら――。「萬々一も是迄之名節碎テ終身ヲ誤リ候樣之義有之候得ハサリトハ殘念千萬ニ候得共實不得止それまて之事ニ斷念仕外無御坐候」。そのときは、それまでのこと、もはや止むを得ないことなのだと、このあたりは透徹している。そして箇条書きの第二以下は「戊辰東北戦争之時分ニ異ナラサル可シ然レハ大ニ廟謨を確定シ必勝之神算ヲ計畫シ」と具体的に論じていく。

鹿児島では、その万万が一のことが現実になってしまった。思考はいくら透徹していても、生身の大久保はさすがに揺れた。もちろん他人には、そうとはうかがわせることはない。しかし、思わぬところで綻びを見せたようだ。どんなときでも常に安定した碁を打っていた大久保なのだが、このときばかりは手が乱れたと伝わる。

西南の役当時の内務権大書記官だった松平正直が、京都の旅宿に朝早く訪ねた時の大久保の話がある。「すぐ鹿児島の話が出たが、公は困ったものだと言われ、いよいよ西郷と別れなければならぬと言って嘆息された。私はこの時に非常に感じた。英雄の心は普通の人には分からないものだと思って非常に感じた」（佐々木克監修『大久保利通』）。そばには誰もおらず、その話もしみじみとして肩を落とす大久保の姿が、かえって印象的である。

公は涙は流されなかった。涙こそ流されなかったが、実に感に堪えぬ面持ちで「実に遺憾なことだ。しかし、こんなことのありようわけがない。私が今こうして瞑目して西郷のことを考えてみるに、どうしてもこんなことの起こりようがない」と言って目を瞑って仰向いておられた。

今にも眼に見えるような心地がする。大久保と大西郷とは骨肉以上の仲であった。君が死ねば俺も死ぬという、他人の窺えぬ仲であったのを、あのような事情になったのだから感慨は無量であったろうが、しかし公は朝廷のためには止むを得ぬと言って、思い切って征討の兵をお出しになった。

その時は西郷のことはあまり話されなかったが、今でも逢えばすぐ分かるのだ、逢えばなんでもないのだが、逢えぬので困ると言われたが、この時大久保さんの方が上だと思った。この誠心があってこそ天下の柱石にもなられたのだと思った。

また大久保の長男彦乃進(利和)、次男伸熊(牧野伸顕)がアメリカに留学していたとき、兄弟、とくに次男伸熊の世話をしていたのが高橋新吉である。村田新八とは従兄弟の関係にある。村田は大久保に次ぐ逸材として期待を集めていたが、明治七年、フランスから帰朝後は「此度の事は、實に両大関の相撲なるを以て、我々は孰れとも扇を擧くること能はさる次第なり」と見つつ、その生涯に恩義ある西郷とともに鹿児島に在った。

そして明治九年の鹿児島事情を高橋に伝えた次の言葉が残る。今日の現状は、恰も四斗樽に水を盛り、腐縄を以て之を纏ひたるが如し、遂に破裂すべきは自然の數なり、余輩は乃ち腐縄の如きものにして、更に其効なし、足下若歸京せば、之を以て大久保氏に傳へよ、と。

その高橋が前掲書で伝聞として、大久保が涙を流したという興味深い話をしている。

それは西南戦争の始まった頃、公は決して西郷の乱に加わっているのを信じられなかった。人が何と言っても、あの男はそんな男じゃないと言って聞かれなかったが、いよいよ出たに違いないという確報も証拠も来たときに、初めて「そうであったか」と言って、ハラリと涙を流されたそうです。大久保公の涙は、この時が、子供の時を除けば、生涯にただ一度であったということです。

この西南の役勃発のときも、伊藤博文は大久保の対応の目撃者であった。例の西郷暗殺計画との関わりは、以下の伊藤の談話で見る限り、やはり大久保は知っているはずがない（勝田孫彌『大久保利通傳』）。しかし、私学校側や世間に関与を疑われても、一言も弁解や言い訳をしないのが大久保なのである。

「暴發前、中原尙雄等が鹿兒島縣に歸省せし事の如きも、多く時の大警視等の處置にして、利通が毫も與り知らざりしは、當時、直接に利通に質して驚きし所なり、利通も此事を聞くや、遺憾の念に堪へざりしと雖も、利通のこととて、更に辨解せず、甘んじて其責に任したるが如き形行なりき、實に利通の焦心苦慮は、予にあらざれば能く解するものあらずと」

伊藤はまた、明治四十三年九月の『日本及日本人　南洲号』の樺山資英「伊藤公最後の南洲談」によると（『西郷隆盛全集　第六巻』所収）、この件について触れている。

「当時警視総監たる川路が国情視察の為めに大山以下の人々を薩摩にやつた事だ、是は慥かに私学校一派の挑撥となつたのである、私学校党の側は無論是も大久保の差図だト誤解して居つたが、実は川路の独断で大久保公の知つた事ではない、今の官制から言へば警視総監が内務卿に相談もせずそんな事の出来るものでないと思ふだらうが、当時の政府は群雄割拠で不統一の弊がこゝにも現はれて居るのだ」

これは伊藤のように政府内部をよく知る者だけの証言かもしれない。しかし川路の手法は草創期ならでは、ということもできる。大久保のやり方は部下に任せて、その責任は自分が負う流儀だから、このあたりの事情はたとえ知らなかったとしても責任を免れないと腹をくっていたと見ることができないか。むしろ中原らが私学校に捕まったのを見て、進んで自首してきた野村綱と大久保の関係が興味深い。

「夫れから当時野村綱（後に視学官）と云ふ男があつて、或日大久保公に逢つて教育上の話をして私学校改良の必要なる所以を説いた、無論薩摩人に系統的学問をさせなければならぬと云ふ論旨であつた、夫れが痛く公の気に入つたと見へ、根本から能く取調べて呉れと、自分のポツケツトから百両の金を出してやつた、処が夫れが私学校の連中から強いて大久保の探偵だと云ふ事にせられて仕舞つた、こんな塩梅で凡て誤解に誤解を生じて遂にあんな事になつたのは呉々も遺憾の事である」

これらは公人としての大久保である。その大久保は五月十九日に親戚の石原近義に宛て手紙を出し、安否を尋ねている。洋館建築の借金で税所篤へ返済が滞っていること、例の中原警部らとともに解放された浄土真宗の僧たちのこと、路銀が一銭もなく困窮している彼らに二百円だけ送ったこと、しかし傍観できないので居宅を売ってでも救済したい覚悟を述べている。

そして暗殺の一件については、少しく怒気を含んでいる。「跡形もなき事を以暴發之名ヲ假ルため暗殺与か何与か小子ヲ以卑劣之名を負はしめ甚迷惑千萬ニ候得共世上に言開キするニ不及自ら後日明々白々タル事候付決而頓着不致候是亦御安心可被下」。自分に卑劣の名を負わせているけど、後日明らかになることだから心配してくれるな、と。

一方、鹿児島県令の大山綱良が征討大総督有栖川宮に三月二日に送った書簡がある。「今般陸軍大将西郷隆盛外二名上京ノ次第ハ兼て御屆申上置候通」、また「通行ニ付テハ先ニ各府縣各鎮臺へ通知致置候處」であるのに熊本では砲撃され、「實ニ意外ノ次第ニ立至リ候」という。

そもそも発端は「大久保利通川路利良ヨリ私怨ヲ以テスルカ容易ナラサル國憲ヲ犯シ暗殺ノ内諭ヲ下シ候儀」と、ここでは暗殺の件が断定されている（『大久保利通文書　八』）。

しかし西郷が大久保について語った恐らく最後の言葉は、一方の大久保の苦悩を知る後世の我々にとって実に悲しい言葉である。西郷が出陣する二月十七日に語ったと大山が伝える。

先年拙者共東京ヲ引取ル時既ニ兵隊ノ者大難ヲ起シ、戦ニモ及ハントスルノ勢ニ付、右ノ人数ヲ連レテ直チニ御暇ヲ願ヒ帰県シ、其以来今日迄人数ヲ纏メ居リシ拙者ノ旨意ハ何レ近年ノ内ニハ外患起ルヘク、然ルニ日本当今ノ形勢ニテハ迚モ其防禦ヲ為スコト能ハスト見込ニ付、其節ニ当テハ右兵隊ノ者ヲ以テ国難ニ報スル素志ナレトモ、最早今日ノ場合ニ至テハ事情切迫ナルニ付、已ムヲ得ス右兵隊ノ者ヲ引率シ、上京ノ上大久保へ対決シ、自分ノ見込政府ニ於テ曲ナリト見認メラルレハ、甘シテ罪ヲ受クヘク、何分大久保へ面会ノ上ナラテハ其曲直モ分リ難ク、且大久保ニ於テハ何ノ謂レヲ以テ隆盛ハ事ヲ起スナランノト見込タルヤ、其辺モ詰問スヘク、一体大久保ハ足下承知ノ通リ幼年ヨリ一家親子同様ノ交リヲナシタル者故、拙者ニ於テ疑ヒアレハ上京ヲ申越スカ、又自カラ帰県シテ其事情ヲ談スルカ、又委シキ書面ニテモ差越スヘキ筈ナリ、（「鹿児島一件書類」）

本当にどうなってしまったのか。二人だけで会うことができれば、いつでも「吉之助さあ」と「正助どん」は何でも話せ、怒り、泣き、たがいに許せるのではなかったのか。このときになっても二人の気持ちはなお変わらない昔のままなのに、どうして互いに通じないのか。世間から見れば、もう二人は「吉之助さあ」「正助どん」ではなくなっていたのである。

このころの鹿児島県下の情勢をもう少し視野を広げて見ると、東京政府と対立する私学校の支配下にあって二つの動きに触れておきたい。一つは薩摩藩四百年の浄土真宗禁制が明治九年に解かれたことである。鹿児島県と宮崎県が合併したことを契機に大久保の指令があり、鹿児島県庁では西郷の裁断を仰いで諒とした。政府のキリシタン禁制解禁は三年前になされており、ここで薩摩藩の特殊事情だった真宗も解禁する信教の自由が布達された。

しかし、西南の役勃発目前の空気にあって、県外からやってきた僧たちは私学校からスパイではないかと疑われ、逮捕された。例の中原警部らと同様に過酷な扱いを受け、戦乱の犠牲者も出た。先にふれたように大久保が居宅を売ってでも救済したい、と気遣っているのは彼らのことである。

近年は「かくれ念仏」として注目される鹿児島県の隠れ門徒。彼らがほんとうに信仰の自由を獲得したのは、私学校支配から解放され、中央政府の保護下に入ってからのことである。

明治十一年、大久保遭難の報に鹿児島では赤飯を炊いたと伝わる（『鹿児島市史』）。しかし、浄土真宗の僧侶たちは県内開教の恩人として大久保の毎年の命日に供養した。本書でたびたび引用している佐々木克監修『大久保利通』は、もともと明治末に松原致遠が関係者に話を聞いてまとめた報知新聞の連載記事である。「松原致遠」は真宗門徒として数多くの著書がある。新聞連載は大久保への感謝の思いから、その人となりを伝えようとしたのだろうか。

二つめは、明治維新の原動力となった薩摩藩の財政を支えていた奄美大島のことである。砂糖の専売で薩摩藩は島民を絞りに絞っていたのだが、維新後も鹿児島県がつくった「大島商社」によって支配していた。現地の実情を知っていたはずの西郷もこちらに手を貸し、住民の立場は無視されたままだった。このような不法に対し、自由な砂糖販売を求める島民たちが立ち上がり、明治八年、全島は〝沸騰〟した。そして名瀬から「勝手世嘆願ねがい」という陳情団が鹿児島に着いたのは、折り悪しく明治十年一月だった。

第一陣、第二陣合わせて五十五人は、直ちに私学校によって投獄されてしまう。陳情は無視され、聞いてもらえない。それどころか、陳情団の中から三十五人が従軍させられた。うち六人が戦死し、十四人が行方不明になった。

私学校が進軍した後、残された二十人は鹿児島に入ってきた官軍にようやく陳情を提出することができた。すなわち彼らにとって旧態依然とした鹿児島県ではなく、明治政府こそ〝解放軍〟だったわけである。このため陳情団の中から上京して大久保の奨学資金を得たり、官軍のスパイになったりもしたという。

五　葬送行進曲

西南の役は結局のところ、西郷と大久保に象徴される戦いになってしまったのだが、双方といっても同じ日本人三万人以上の死傷者を出し、巨額の戦費はのちのちまでインフレと財政難というかたちで国全体に負担がのしかかる。しかし政治状況は何といっても新政府を支えていた薩長閥が、薩摩人が同士討ちとなって、これ以降は長州閥に譲らざるを得ない長薩閥になってしまったのである。

このあたりを伊藤之雄『伊藤博文』は「西郷隆盛が城山で自刃した直後には、薩摩出身者の間で、どうしてこんな戦争がおきたのか、日本人同士、薩摩人同士が殺し合うくらいなら、征韓をしてたとえ清国と戦争になってもまだましではなかったか――、といった感情が噴出しても不思議ではない。実際、政府中枢にすら、そうした感情が影響を及ぼしかけ、怨念は伊藤に向かった」と、三条太政大臣から九月二十九日に岩倉右大臣にあてた手紙の存在を指摘する。

それは伊藤の降格人事のことである。ただし公家のふたりでは決断できないし、たがいに積極的でもない。あまりに重大な問題なので黒田参議に相談しようとしている。ということは三条や岩倉以外のところから出てきた話に違いない。そうであるとしたら、こんなことができる実力者は大久保でしかあり得ない。

「おそらく、西郷隆盛が死去し西南戦争が終わった際、大久保を含め薩摩系の人物の間に、払った犠牲のあまりの大きさに、戦争の原因を作った人間を探して責めたいという感情的な思いが噴出したのだろう。伊藤が征韓論政変の時、岩倉を突き上げて強気に活動したことは、大久保も黒田・西郷従道らもよく知っている。政府を二つに割った張本人として、伊藤が彼らの怨念の矢面に立っても、不思議ではない」

ここでいう征韓論政変での伊藤の活躍に少し注目してみたい。あのとき西郷案に決した三条は、大久保だけでなく、岩倉、木戸からも辞表を提出されて人事不省となった。明治六年十月十八日のことである。この政変の裏では伊藤は周旋屋の本領を発揮していた。もちろん背後には木戸がいる。同書によると、その直後に岩倉は伊藤に手紙を書き、何やら相談をした。

翌十九日、岩倉は大久保を通して君側に働きかけ、自らが太政大臣代理になれるようにとの工作が行われたらしい、というのが通説である。ただし、これは正規の手続きであると、高橋秀直「征韓論政変の政治過程」(『史林』七十六巻第五号)は指摘する。そもそも十九日の閣議で決定されたと『明治天皇紀』にも記されていることである。同時に伊藤は参議の大隈重信の支持をも得て、天皇の支持を確認する。

二十日に天皇は三条邸に行幸し、岩倉邸にも立ち寄って三条を助けるようにと勅語を与える。翌二十一日は「伊藤は岩倉を訪ね、激しい意見を述べたようである」、さらに二十二日も二人は相談し、ついに岩倉は決意した。そして二十三日に岩倉は太政大臣代理として天皇に拝謁する。自らの奏聞書を提出し、征韓論に反対する意見を上奏した。それを受け入れる勅書が与えられたのは明くる二十四日のことである。

西郷と大久保の動きにのみスポットライトが当てられる征韓論政変も、舞台全体を見るなら、こういうことなのかもしれない。そこでは長州の伊藤が、公家の岩倉が、けっこう動いている。もちろん大久保も動いている。だが、策源地はどこかといえば必ずしも大久保ではないようだ。少なくとも大久保ひとりの「一の秘策」ではない。

この「一の秘策」とは、辞表を出していた大久保の十月十九日の日記に、黒田清隆が訪ねてきて事態を憂えたときに登場する。「予モ此上ノ處他ニ挽回ノ策ナシトイヘトモ只一の祕策アリ依テ之ヲ談ス同人之ヲ可トス」と、巻き返しの宮廷工作が行われる。その結果、西郷が帰郷することになるが、黒田は大久保に手紙を書いた。これが三日後の十月二十二日付である。

「今日ニ立至リ退テ篤ト我心事追懷仕候ニ大ニ西鄕君へ對シ恥入次第……西君トハ兼子テ死ハ一緒ト又從來恩義モアリ旁我心ヲ向ヘハ面皮モ無之不得止事之策トハ乍申如何シテ同氏へ謝シ候樣無之恐入ノミニテ最ウハ實行ヲ以テ他日地下ニヲイテ謝スルノ外無之ト決心罷在候」

大久保は返書を認めた。「今般之一件小子ニおひて御同樣不可忍私情無言許候得共所謂大公無私心國事ニ付而ハ不得止將來も益困難を來し且ハ種々惡評を蒙候ハ必然与決心仕候乍去自反シテ寸毫愧ル處無之候此上之處勿論御大事ニ而實行相表不申候而ハ小子等之責天下ニ對シ何之面皮可有之哉一身を抛魯鈍ヲ盡シ候ヨリ外無之心得ニ御坐候」(『大久保利通文書　五』)。

自分も同様ではあるが、私心ではなく、国を思ってのことである。これからいろいろと悪評を蒙るだろうけど、寸毫も愧じることはない。これからは国家の為に実行あるのみ、そうでなくては天下に対してどうして顔向けができるのか。一身を抛つほかはないではないか。手紙はこのあと、そのためには黒田に忠告や助力をしてくれるよう頼み込んでいる。

小説類はこのときの「一の秘策」が細かに描写されていることが多い。その恨みは西郷派が大久保派と対立するストーリーに組み込まれてもいる。しかし、それにしては私学校蜂起にあたって「一の秘策」が理由となっていたのかどうか。いや、西郷が鹿児島に帰ってからも、この件が憤激の対象になっていたのだろうか。村田新八のいう四斗樽は、これが原因でも破裂してもおかしくはなかったのではないか。

大久保が内政優先で征韓論に反対したことは事実である。そのうえで政変当時の薩摩人たちに共通した思いがあったことも見逃すべきではない。佐々木克監修『大久保利通』の中には何人かの証言があるが、それは西郷を死なせたくないという思いである。

高島鞆之助は語る。「大久保公も西郷翁の心の中はよく分かっていたろうが、それでいてなぜ西郷翁に反対したかというに、それは西郷翁はあの時には全く死ぬるつもりでいた」「こういうことが分かってみれば、西郷は決して出してはやれない。木戸公の心事は知らぬが、大久保公の心持ちはおいにはよう分かる」「この西郷を殺してまで朝鮮のカタをつけなければならぬことはない、ここじゃ。あの時のことを皆がいろいろにいうが、全くはここじゃ。よしいろいろ事情があったにしろ、大久保公の心事の骨子はここじゃ」

牧野伸顕は父親の思いを語る。「西郷は死ぬつもりでおるが、西郷を死なしては国内の鎮撫においても困るし、国力という点でも差し響くから、これは西郷はやれないというのが原因であった」「何分にも薩摩はその頃に五万からの士族がおって……それが皆武と士気とを練りに練っている、これが実に過激な連中で、西郷でなければ鎮撫は難しい。その他の藩の士族も不穏であったが、西郷さえおれば鎮撫ができる、この大事の西郷を死なされぬというのが、友人としての情と混じって、父の反対した訳でしょう」。

松村淳蔵は、西郷従道に触れて語る。「大西郷は大義名分の師を出すには、おいが行って殺されるが早道じゃろうと言って死に急ぎする。それがために従道さんから、どうか兄貴を朝鮮へやらぬようにしてくれと言って大久保公に頼む。果ては岩倉公にまで頼まれたそうじゃ。大西郷はまた大久保公に、お前が言い出すといかんから黙っていてくれと言って頼まれる。大久保公も板挟みになって困られたことと思う。けれども、西洋各国を巡ってきて、新しい見識もできており、ついにかれこれの事情から、全然大西郷と反対の位置に立たれたのじゃ」。

あのとき——。このような薩摩人に共通する心理的な背景があったからこそ、伊藤の降格人事案が出てきたのだろう。しかし、それは実現することはなかった。

そこで「理性的な大久保も、薩摩系に感情的な戦争責任追及の声が出る中で、西郷隆盛の死の衝撃から一時的に彼らしからぬ行動を取ってしまったのではないか。伊藤降格の動きに、岩倉は加担せず、大久保の心の傷も時間とともに癒されたことにより、この話は立ち消えになったと思われる」とは、前述した伊藤之雄『伊藤博文』の見方である。

西郷は九月二十四日早朝、城山を幾重にも包囲した官軍の総攻撃で戦死した。その死が確認されると、東京の政府に伝えられる。立岩寧『大久保利通と安積開拓』によると、このとき内務省では大久保内務卿が朝から仕事をしていた。

安積開拓を推進する福島県少書記官である中條政恒は、西南戦争の最中であることから、内務省で県関係の仕事を処理していた。中條は上京の折りは大久保邸の訪問を常にしていたが、それも遠慮し、内務省に出頭していても大久保に近づくことを遠慮していた。

この日午前十時に、大久保から呼び出しがあった。だが、大久保は机の上にある公文を熟覧していて、中條が来ているのを知っている様子ながら挨拶がない。この日は寒く、呼ばれたのは間違いだったかと足が震えてきた。

ようやく大久保は公文を読み終わり、中條に待たせたことを詫びて話し込んだ。佐藤利貞・佐藤秀寿「安積事業誌　巻之十」はそこで中條が見たことを記す。

「談未タ了ラス十二時前給仕一通ノ電信ヲ持來リ卿ニ呈ス卿徐ニ之レニ披覧シ了リ給仕ニ命シテ次席ナル林少輔ニ送リ復タ中條君ト言ヲ繼ク意色平生ノ如シ中條君何ノ電信タルヲ知ラス已ニシテ中條君辞シ去リ樓下ノ庶務局ニ入ル局中ニ五等出仕三浦安國坂部長照等五六アリ喧噪

甚シ互ニ相祝シ曰城山陥落西郷桐野等尽ク討取ラル天下大平々々ト於是中條君ハ少時前大久保卿ノ披覧シタル電信ハ此事タリシヲ解ス」

何と二人が話をしている最中に西南戦争の終結、そして西郷の死を知らせる電信が届いた。もちろん大久保だけが読み、次席に回した。その間、中條は待たされる。大久保が「言ヲ継ク意色平生ノ如シ」とあるのは、ふつうに「それで」という具合に中條との話を続けたのだろう。しかし大久保と別れて外に出ると、何やら大騒ぎになっている。

それでようやく中條は、あの電信がそれだったことを知った。そのときの様子は「大久保卿披閲ノ際一ノ発言モナク喜ヒモセス悲ミモセス意色常ノ如クナリシ」だったと思い出す。中條は、「卿ノ平生天下ヲ一身ニ任シ献身的ノ忠義ヲ以テ廉潔高明ナルト共ニ大久保卿ノ尋常人ニアラス曠世ノ英傑社稷ノ名臣タルヲ知ルヘシ」と改めて大久保を畏敬することとなる。

このように大久保の私情に流されず公務を全うする姿勢は、相手によって多少の濃淡があるようだ。西郷従道が兄の死に泣き暮れて公務から退こうとしたとき、大久保は説得に努めた。

その様子は明治四十二年六月に三男利武が聞き取った清子夫人の話にうかがえる。ここでは大久保が私情を差し挟んで懇々と言い聞かせている（『大久保利通文書　八』）。

「兄サンノ末路ハ實ニ遺憾千萬ナ次第併シ兄サンノ心事ハワタシニハ解カツテ居ル此際オ前

ノ立場モ苦シカロウカ今御前カ引キ込ンテハ宜シクナイ是カラ兄サンニ代ハリ國ノ爲メニ盡クシテ貫イタイノタ」

大西郷の末路はまことに残念だけど、その心持ちは自分ではわかっている。しかし、ここで従道が引き籠るのはよくない。これからは兄さんに代わって国に尽くしてほしいのだ。

「思イ廻ハセハ御維新前カラ兄サン達ト共ニ天子様ニ御勸メシテ京都カラ東京マテ御出廻ハシヲ願ヒ朝廷ヲ此處マテ持ツテ來タカ未タ世ノ中モ全ク治マツタ譯テナイ私情カラ考ヘルト自分モ色々思フコトモアル是カラ御互ニ朝廷ノ爲メニ微力ヲ盡シテ御奉公ヲ致シテ初志ヲ貫ヌカネハ相濟マナイコ、テ御前カ引キ込ム場合テハナイ兄サンニ代ハリ朝廷ノ爲メニ能ク考ヘテ呉レ」

思い起こすなら、維新前から兄さんたちといっしょに天子様にお勧めして、京都から東京にまで来てもらったではないか。ここまで来ても、まだ世の中はまったく治まっているわけではない。私情から言えば自分もいろいろと思うところもある。これからは朝廷のために力を尽くして御奉公して初志を貫かないと相済まないではないか。ここで引き込むなどといわずに、兄さんに代わり、よく考えてくれ。

そして大久保は、従道を空席となっていたイタリア公使に出すことにして、ついに説得した。

しかし、しばらく外国に出す話は、わずか八カ月後の大久保の遭難とともに立ち消えとなった。それからの西郷従道はもう二人の兄に頼ることはできなくなったのである。

大久保自身の西郷に対する私情は、彼の伝記を書くことを思い立たせた。しかし自分自身では書けないから、と同じ薩摩藩の重野安繹に依頼した。

大久保と重野は薩英戦争後の対英交渉でいっしょに働いた。重野は交渉の席でイギリス側に鋭い論理で切り込み、そして政治的仕上げは大久保が出向いて処理した。また身の回りが危険になった重野を、大久保は周到な気働きで無事に帰国させたのである。

「故大久保内務卿が態々拙者を自宅へ招いて、西郷の履歴に就ては斯く〳〵の事がある。是は人の知らぬことで、自分が西郷の傳を書かうと思ふが、自分は文筆がないから、お前が西郷の傳を書いて呉れ。其時は今話したことを書入れて呉れと言はれた。卽ち大久保の直話である。然るに大久保は其翌年兇徒の爲めに殺害され、西郷と一年違ひで死んだのは、恰も前に兩人刺し違へて死なんとしたことを實行したる如くにて、偶然ではあらうが、不思議に思はれる」

重野はのちに東京帝国大学教授となり、『重野博士史学論文集』の下巻にここに引用した「西郷南洲逸話」が収められている。冒頭に「幼少の時から親しいと云ふ交りではない」と書くが、重野は江戸の昌平黌に遊学し、西郷は斉彬の御庭方だった。ちなみに重野はのちに久光の御庭方になったという。この二人は文政十年の同年生まれ、いずれも遠島された同じ奄美大島では親しく語り合う。ただし、その西郷評は後世のイメージと反する。

「西郷は兎角相手を取る性質がある。是は西郷の悪いところである。自分にもそれは悪いといふことを云つて居た。さうして其の相手をばひどく憎む鹽梅がある。西郷といふ人は一體大度量のある人物ではない。人は豪傑肌であるけれども、度量が大きいとは云へない。謂はゞ度量が偏狭である。度量が偏狭であるから、西南の役などが起るのである。世間の人は大變度量の廣い人のやうに思つて居るが、それは皮相の見で、矢張敵を持つ性質である。トウ〳〵敵を持つて、それがために自分も倒れるに至つた」

したがって「大度量の君公」斉彬がいたときはよかったが、あとは久光はもちろん、うまくいかない。それでも大久保といっしょのときはうまくいく。「どうも西郷は一生世の中に敵を持つ性質で、敵が居らぬとさびしくてたまらないやうであつた」。

もちろん長所はあり、「西郷の人と爲りは……人と艱難を共にするといふところが持前で、古人の謂ふ士卒の下なる者と飲食を共にする風であつた」と、自らの観察を展開する。

「士卒が手傷を負へば、其傷を啜つたりするやうなことは、しはづさぬ人物で、自分より目下の人の信用を得ることが多いので、西郷のためならば死を極めてやるといふ、所謂死士を得ることは自然に出來るので、それが面白くてたまらない。何でも下の者を己の手足のやうに使ひ廻すのが、一生の手際と思つて居るから、自分も努めてする。幕府を倒すのもそれから起つて居る。さうして一時成功したのは、士卒の心を得て居るからである。併しながら西南の役になつては、それが自分の身を亡ぼす元になつてきた」

長所とともに短所をも見る西郷観は同世代の市来四郎にもある。市来も斉彬時代に重用されていた。砲術、蘭学、化学を学んでいて、集成館事業で活躍した。後年の市来は久光と近かったので、その分は辛辣なのかもしれない（「丁丑擾亂記」『鹿児島県史料　西南戦争』）。

「性質粗暴利財ニ疎ク、事業ヲ執ニ短ナリ、常ニ少年ト交リ粗暴ヲ談シ、礼譲ノ交ナク、同年齢ノ人ト交ルハ、大山綱良・椎原與右衛門ノ両三輩ニ過キス（椎原ハ親族ナリ）、己レニ異論アル者ニ交ル者少ク、一タヒ憎視スルトキハ、積年狐思シテ、容慮ナク、故ニ少年輩等讒誣セラレテ捨テラレタルモノ多シ、大量濶度ト云フヘカラス……鹿児島県内ニ於テ、少年輩党員ノ外ニ尊崇敬重スルモノ鮮ク、他県ニ大名ノ轟クハ、該党員カ誇張大唱スルニ出ツ、他県ト同県人ト交ルニ、言語動作趣ヲ異ニス、議論ナク動スニ腕力ヲ以テセントスルノ僻アリ、旧君ノ恩義ヲ重ンセス、人ヲ貶スルモ少シトセス、豪傑ト云フヘク君子ノ風彩ナシ」

そもそも西郷が大度量だと手放しで褒めているのは、山岡鉄舟の存在を無視して江戸無血開城の功を誇る勝海舟、それに「大きく打てば大きく響く」と評した坂本龍馬である。だが、西郷の実像はけっこう危うい。実証的ではない、あるいは史料批判が十分ではない逸話などから、西郷崇拝という気体によって気球を膨らましているようにも見える。

城山の最期も目撃者とかいう証言が心もとない。それを聞き取った人物もおぼろげである。小御所会議の「短刀一本」の話も、芸州藩主浅野長勲の手記『維新前後』にある「此時西郷吉之助は軍隊の任に当りたれば、此席に居らざりしが、薩土の議論衝突せしを聞き、唯之れあるのみと短刀を示したり」という曖昧な記述だけしかない。これらが小説やドラマなどによって膨らむ。崇拝者や小説家が描く西郷像は、同時代の証言者とは必ずしも一致しない。

明治維新が成って、国民とされた四民にとって、士族はもちろん、いいことは何もないというのが暮らしの実感だろう。よさそうに見えるのは新政府の官員だけである。そんな官に対して、これも裏付けのない「新政厚徳」の西郷に何かしてくれるという希望と期待が集まった。西郷の光が輝けば輝くほど、官のイメージは陰となる。その陰の象徴として大久保がいた。

ここでまた重野の話に戻ると、西郷には「平常推服して居る人」がいて、何人かの名前が挙げられる。藩外では「藤田東湖・大久保一翁・勝安芳、是は天下の人傑と云つて居つた」。それより前に自分の周辺、仲間たちがいる。「朋輩では大久保一藏・吉井幸輔・税所篤・得能良介・

伊地知正治等であつた。伊地知正治は薩藩の中で學問があつて、意表のことを云ふので、大變信仰して居つた。其の他は大体目下の方である」。

そこで西郷は西南の役で死の直前まで、最初に名前が挙げられる大久保をどう思っていたのか。重野のいう「其相手をひどく憎む鹽梅」で大久保を憎んでいたのか。それとも最後まで「平常推服して居る人」だったのか。これまで両雄を追ってきて、私学校徒はいざ知らず、西郷が大久保を敵と思っていたとは到底思えない。ほんとうに大久保を敵だと思っていたなら、あんな戦争の仕方であったはずがないし、あんな陣中の西郷の姿であるはずがない。

薩摩藩がまだ公武合体路線を進めていたとき、一橋慶喜とともに推し立てたのは越前藩の松平慶永である。隠居後は春嶽公として知られ、明治の新政府にも加わっている。殿様だから、かつて配下に橋本左内、横井小楠、中根雪江を擁していたように、高所から人物を見ているところがある。明治になって『逸事史補』を書き、これが歯に衣着せぬ物言いで、その中で必ずしも同じ立場ではなかった大久保を絶賛している。

「大久保参議市蔵後に内務卿兼参議利通は、古今未曾有の大英雄と申すべし。威望凛々如霜、徳望は自然に備へたり。木戸・広沢如き者にあらず。胆力に至つては世界第一と申べし。余が大久保を如斯称賛するは、衆人の称賛とは違へり。支那の談判、江藤の討伐、其他公の事業は種々あれども、余が見る所は、御一新也。歴史上を見よ。漢の蕭何も豪傑なれど、高祖と云人あり。周公旦も賢人なれども、武王あり。唐太宗には魏徴あり。日本にも足利尊氏・頼朝・信長・太閤・家康公の臣下にも英雄もあれども、皆主人の英雄豪傑あるを以てなり。此時聖上は御幼稚に被為在三条・岩倉公も今日之両公にあらず。徳川の処分、封土奉還、廃藩置県、幷西京の皇居を止め、首府を東京として、箱館戦争、其他外国交際、第一日本全国の人心を鎮定して、其方向を定む、皆大久保一人の全国を維持するに依れり。維新の功業は大久保を以て第一とする也。輿論もともあれ、大久保の功業は世界第一とするゆゑん也」

古今未曾有とは、未だ曾て有らざる、つまり、かつてない大英雄だというのである。胆力は、勇気は世界第一といってもいい。春嶽公はざっと大久保の業績を振り返り、種々あるのだけど何といっても御一新である。大久保がいてこそ、日本という国が維持できたのだ。異論はあるだろうけど、大久保の功績はこれまた世界第一である、と。

春嶽公の讃辞は心からのものである。彼は明治十一年、大久保が凶刃に倒れた翌日に大久保家に弔問に出向いている。「尊骸御對面永訣之情難禁落涙之外無御座候只々恐入候此榊壱對幷菓子一箱乍輕少表微志……」と、宮中の吉井友實、高崎正風宛五月十六日付書簡に記す。

大久保といえば、もちろん西郷である。春嶽公はとくに西郷について、かつての朋友島津斉彬の確言を伝えている。西郷という人物像を語るときに、今日までよく引用されている言葉である。そして、維新の三傑である、もう一人の木戸孝允についても触れていて、これがまた実に言いえて妙というべきか。

「西郷の勇断は実に可畏事に候。世界中の豪傑の一人のよし。外人皆景慕せりといふ。兵隊の西郷に服するや実に可驚也。英雄なり。仁者なり。此西郷を見出せしは、我朋友島津斉彬也。（中略）西郷一人は、薩国貴重の大宝也。乍併彼は独立の気象あるが故に、彼を使ふ者私ならではあるまじくと被申候。其外に使ふ者はあるまじと、果してしかり。実に島津君の確言と存候。大久保は豪傑なれど、どこ迄も朝廷を輔賛するの心ありて、倒れて止むの気象なり。木戸も亦同様なれど、大久保とは少し違あり。大久保は政体上を専らとし、木戸は頗る文雅風流なれども、目的とする所は、政体上よりも主上を輔賛し奉りて、皇威の地に不墜を専務とす。先大久保は父なれば、木戸は母といふて可也」

西郷は、外国人もが仰ぎ慕う世界の豪傑である。兵隊が西郷に服従するのは驚くべきことで、英雄であり、情けある心の持ち主であって、斉彬が見つけたのである。しかし独立の気性があるので、斉彬は彼を使えるのは自分しかいないだろうと言っていた。木戸も大久保と同様に朝廷を大事に考えているが、大久保が政体をまず考えるのに対し、木戸は何より主上である。だから、大久保が父親であるとすれば、木戸は母親といってもいいだろう、と。

　西郷は明治維新という革命の、その人自体が象徴的存在と見られた。賞典禄も位階も第一である。それほどの輿望を担っていた。西南の役で官軍と戦っても、明治十五年と後のことだが、外山正一は『新體詩抄　初編』に寄せた「抜刀隊」では、冒頭次のようにうたった。

　吾は官軍我敵ハ　　天地容れざる朝敵ぞ
　敵の大將たる者ハ　古今無雙の英雄で
　之に從ふ兵ハ　　　共に剽悍決死の士

　この詩には三年後にお雇い外国人シャルル・ルルーが音楽をつけた。そして、これが軍歌、流行歌の先駆けとなり、現在でも旧帝国陸軍から陸上自衛隊に引き継がれた「分列行進曲」として旋律を聴くことができる。西郷は「古今無雙の英雄」として、いまも生きている。

　そこで、困ることが出てくる。二人が同じく英雄であることに異論はないが、大久保は「古今未曾有」であり、西郷は「古今無双」とはどうだ。古今に「曾てない」と「並ぶ者がない」

なら、どちらかを取って、どちらかを捨てなければならない。いや、そんなことはできない。西郷と大久保とは「古今無双」と「古今未曾有」とを分け合っていいではないか。この二人に限っては、後世のわれわれはそう思いたい。

西南の役がまだ続く八月二十一日、大久保は東京で第一回内国勧業博覧会の開催を断行した。開場式では軍楽隊が演奏をした。この軍楽隊はやはり薩摩人たちが中心になっていた。

九月になって西郷は鹿児島に戻ってきて城山に籠った。城山を包囲した官軍は二十四日早朝の総攻撃を通告した。その前夜、十七夜の月明かりの城山で薩軍は惜別の宴を催したが、武岡の頂から花火が上がり、海軍軍楽隊の奏楽が行われた。

陸軍大将だった西郷隆盛との別れに際しての儀礼であった。当時の官軍参謀本部陸軍部による「征西戦記稿」には、「是夜海軍樂隊ヲシテ樂ヲ大明神山ニ奏セシメ又煙火戯ヲ演ス」と記録が残っている。大明神山とは、中腹に武大明神のある武岡のことである。

このときの曲目はわからない。しかし当時のレパートリーは限られており、筆者が推測したのはヘンデルの「見よ勇者は帰る」とショパンの「葬送行進曲」である。両曲とも後に制定された海軍儀制曲にあり、現在でも海上自衛隊の儀礼曲に引き継がれている。ヘンデルはすでに明治七年に海軍兵学寮の運動会で演奏されており、後に中等唱歌集第十二曲「凱歌」になった。

問題はショパンである。軍艦マーチの作曲で知られる瀬戸口藤吉が、当時の楽長中村祐庸から聞いた話がある。軍楽隊が鹿児島へ船出するとき「荘重なる軍楽」を演奏したのだが、その曲が後になって葬送行進曲だとわかったので口外しなかったというのである。限られたレパートリーから城山に向けた西郷への惜別演奏にも、この「荘重なる軍楽」が入っていたのではないか。

海軍の葬送行進曲は、ショパンしかない。「海軍軍楽隊沿革史」はこのときの奏楽を「敵味方共ニ如何ニ清新ナソシテ鎮魂曲トハナツタデアロウカ」と描く。しかしながら西郷はまだ生きていた。生きている人間に向けて鎮魂曲とは……。奏楽する楽員もまた薩摩人である。郷土の英雄西郷に対する儀礼曲が生きながらの葬送行進曲だったとは……。

その八ヶ月後――。東京では暗殺された大久保の葬儀の列に軍楽隊はいた。葬列の音楽は「喇叭の聲ハ薤靈扆扅の悲歌も斯くこそと思ハるゝはかりの悲音を奏し自ら人の耳を清まし哀情を起さしめたり」と描かれる（「葬儀之記」）。これこそ葬送行進曲ではないか。

この大久保の葬儀のときまでに、海軍軍楽隊は「荘重なる軍楽」が実はショパンの葬送行進曲だったと知ったのではないか。ここは鹿児島ではなく東京であり、内外の要人が参列した。

その中に英外交官サトウもいた。「われわれは青山の神道墓地まで、正装で馬車をつらね、葬儀の列に加わらねばならなかった」と日記に書いている（萩原延壽『遠い崖 十三』）。サトウはこのころベートーヴェンの交響曲をピアノ連弾していたほどの音楽通である。葬列に鳴っている葬送の音楽がショパンであることは当然わかっていたはずである。楽長中村祐庸はサトウに聞かなくても、大久保の葬儀の準備中にショパンの音楽の意味を悟っていたことだろう。最後の夜を迎えた城山の西郷への奏楽と同じ曲である……。

これらのことは拙著『西郷隆盛惜別譜』に詳述したが、これの書評の中には教えられることがあった。『レコード芸術』二〇〇四年六月号の「片山杜秀のこの本を読め！」である。「あの有名なピアノ曲を明治十年の軍楽隊は葬送音楽と知らず編曲して吹いていたのか。そんな馬鹿な、という気もする。とはいえ、もしそうなら見えてくる話もある」。あの有名なピアノ曲とは、この葬送行進曲の原曲がショパンのピアノソナタ第二番の第三楽章だからである。

見えてくる話とはこうである。「西南戦争七年目に陸軍軍楽隊の指導者となったルルーが、日本に来て真っ先に作った儀礼音楽が《扶桑歌》で、その旋律を主部に使ってできたのが日本陸軍の主題曲《分列行進曲》となるけれど、《扶桑歌》の旋律はショパンの〈葬送行進曲〉と似ているではないか。ルルーはなぜそんな曲を書いたか」。そうなのである。確かにあの扶桑歌はショパンの葬送行進曲に似ている。拙著の執筆中には気がつかなかった。

「もしそこに、日本の軍楽隊がショパンのあの曲の厳かさこそ日本人好みの儀礼音楽として、英雄西郷の惜別という感動的名場面にさえ使い、その曲にすっかり馴染みきった前史が絡んでいたとしたら？　ところがそれは葬送の調べと知れ、使い道が限定されたので、似たような新しいものを作ってくれという日本側のリクエストがルルーになされたとしたら？　明治十年の大明神山に於けるショパンから、昭和十九《（ママ）》年の神宮外苑学徒出陣壮行式に於けるルルーへ。日本の軍隊は死の音楽に憑かれ、それを通奏低音にし、ついに滅びたのかもしれない」

いまでも陸上自衛隊は機会あるごとに分列行進曲を演奏する。そこに「敵の大将たる者ハ」の歌詞の部分が出てくると西郷を思い、反射的に〝こちらの大将〟大久保を思い、西郷と大久保を思ってしまう。そしてショパンのピアノソナタ第二番は、もはや両雄のことを思わずに聴くことはできない。音楽とは罪なものである。

第四章　暗殺現場の真相

一　馬車の血痕

岡山駅から瀬戸大橋線に乗り換えると、どこかで見たような車窓風景である。それもそのはずで、学生時代に四国に行くには宇高連絡船に乗らなければならなかった。その宇野線が現在は瀬戸大橋線と呼ばれている。本州と四国に架かった瀬戸大橋が両岸の暮らしを一変させた。「瀬戸の花嫁」は舟に乗らなくなったのかなどと、開通直後の瀬戸大橋を渡りながら、景観に思いを馳せたことを思い出す。あれから何度かこのルートを利用したはずだ。

しかし、目的の木見駅は駅や車内の路線図で確かめなければならない。いままでは通過客だったので目にもくれない駅だった。各駅停車の列車が一時間に一本停まるか停まらないか、の無人駅である。それでいて高架の対向式ホームを備えている。

階段を下りると駅員も利用客も誰も見かけない。さっそく途方に暮れる。しばし駅前というより駅下に佇んでいると、ようやく人影を見つけた。喜ばしいことに駅に近づいてくるので、小走りに駆けよって道を尋ねた。「ソンリュウインサマ?」。日焼けした老人が聞き返したときの、空気が擦れるようなサ行の響きが耳に残る。確か「サマ」と聞こえた。

ともかく指さされた道路を歩き始めることにした。こんな田園地帯でも本道だけではなく枝道まで舗装されていて、もあっとした七月の湿気を含んだ空気は、稲作には良くても歩行者には耐えがたい。ぽつぽつと見かける農家には車が二台も三台もあるから、車道を長々と歩くなんてことは地元ではあり得ないのだろう。

休み休み歩きながら、人影を見かけては道を尋ねて進む。その都度、やはり「ソンリュウインサマ」と、「サマ」がついている。東北や鹿児島では、どこそこへ行くときの「へ」を「サ」「サマ」というが、この「サ」「サマ」ではなく、尊称の「様」のようである。

五分ほど歩いたところに下津井電鉄バスの廃れた停留所があり、「頼仁親王御陵前」と読める。手前の道路端には確かに宮内庁の立札「頼仁親王墓」が立ち、鉄柵には菊の御紋章がついている。そんなことを気にしながらさらに十分ほど歩くと、五流尊瀧院はあった。

修験道総本山の看板がおどろおどろしい。寺に「五流尊瀧院由緒沿革」が置いてある。裏表紙には「文武天皇大宝元年創建」「勅賜『日本第一大霊験所』」「後鳥羽天皇御廟」「桜井宮覚仁法親王中興」「冷泉宮頼仁親王正嫡」「児島高徳公生家」といった畏れ多い文字が並ぶ。「冷泉宮頼仁親王」とは、来る途中に見た「頼仁親王墓」のことであろうが、その「正嫡」とは恐れ入る。

それでこの寺を呼ぶときに「様」が付いていたのかと、ここでようやく納得する。その沿革だが、すべてを語るには相当の覚悟がいる。何しろ千三百年も遡る。要点だけを見てみたい。はじめは「熊野権現の神孫及び神人三百余人、修験道の開祖、役の行者神変大菩薩の弟子となって（白鳳年間）、験道を修め、呪術を学び、仏乗を行った」。そのうち高弟の五師は秘法の五種をそれぞれ伝授されて法軌を継承し、修験の五祖と呼ばれ、その家は五家と称した。開祖役の行者が冤罪によって伊豆大島に配流されたとき、難が熊野権現に及ぶことを恐れ、その三百余人は神体霊宝を船に乗せて吉備の児島に逃れた。そして熊野三山に擬した新熊野三山を造営し、修験の根本道場五流がこの地に移された。

その後は開祖が勅許によって赦免されたことから紀州には随時帰り、児島は新熊野の神領とし寄進され、次々に造営が進んだ。この木見には殿堂が築かれた。それがこの尊瀧院である。

したがって本拠は依然としてここ児島にあり、五流それぞれの別院は紀州に置き、熊野表の役職員はすべて児島から任命したのである。

こうした由緒から、熊野行幸には先達を拝するなど皇室の尊崇は篤く、「行幸山伏」と称した。承久の乱で後鳥羽天皇が隠岐に流されたときに皇子である頼仁親王が当地に流謫された。ここで庵室を結び四十四年、その跡が宮内庁の立札がある「頼仁親王墓」ということになる。

由緒はまだある。熊野三山検校、新熊野検校を兼ねる弟宮桜井宮覚仁法親王は児島に下向して、兄宮の子である道乗大僧正に五流尊瀧院を継がせた。こうした現在にまで及ぶ一族の流れの中から、あの児島高徳が生まれた。由緒をかいつまんでも、けっこう長くなってしまった。

遠く東京の紀尾井町で遭難した大久保利通の馬車は、こんな由緒ある寺院に保存されていた。コンクリート造りの寺院の中でもかなりのスペースである。かつては境内の一角に馬車小屋が建てられていて、そこに保存されていた。写真を見ると、小屋と言ってもけっこうの大きさで、普通の民家と言ってもおかしくはない。そして平成九年（一九九七年）に現在の本堂が完成して、大久保の馬車もこちらに移された。

なぜ、東京の紀尾井町で襲撃された馬車がここにあるのか。実はこれについて詳しく調べた研究がある。倉敷市教育委員会内に置かれた高梁川流域連盟の機関誌『高梁川』第六十四号（平成十八年発行）に掲載された片山純一「馬車は倉敷へ　大久保利通遭難時の馬車をめぐって」である。

ちなみに高梁川流域連盟とは、倉敷出身の著名な実業家大原總一郎が郷土を流れる高梁川を流域の運命共同体ととらえ、昭和二十九年に創設された。流域の八市町が正会員、倉敷紡績などの法人や個人が特別会員となっており、主な事業として中学・高校のリレー大会、コンサート、絵画展などを毎年開催している。機関誌『高梁川』は連盟創設と同時に発刊され、半世紀を超えて続く地域の文化情報誌にもなっている。

さて片山純一「馬車は倉敷へ」によると、この紀尾井町事件の〝生き証人〟ともいえる馬車は「実況検分後、自宅に戻ったのか、それとも、高輪の別邸に運ばれたのか。委細は不明であるが、主を失った馬車は別邸内に置かれ、事件で傷ついたままの姿で約半世紀の歳月を過ごす」という。あのときの馬車は大久保家にそのまま保管されていたのである。

あれから――。馬丁だった芳松（小高芳吉）が宮内庁書陵部蔵「大久保利通遭難地調査書」で、事件後の馬車をどう処理したかについて語っている。大久保の遺骸が宮内省の馬車に乗せられて自宅に向かったあと、芳松は後始末をすることになった。

「馬車ハ人手デ押シ、倒レタ馬ハ大勢デ擔ヒ、起ツタ馬ハ前右脚ノ小膝ヲ一刀シヤクリ切ニサレテ役ニ立チマセンガ剛腹ニマセン枠ヲ入レテ人手ニ助ケラレ、三脚デ走リマシテ、一向御屋敷へ引揚ケマシタ」

この調査書には大久保の三男利武の談話も収められていて、大久保家には「遺物トシテハ馬車カアルキリ、御用箱モ洋服モ無イ」と語っている。紀尾井町事件の〝生き証人〟として、馬車はそれだけ貴重なはずなのに、あまり語られることはなかった。

事件後すぐ大久保邸に戻された馬車は、その後の家屋敷の始末とともに、どこかの時点で高輪の別邸に移されていた。それにしても、なぜ東京から遠く離れた岡山県倉敷にこの馬車が保存されているのか。大久保利通の生涯で、岡山とはそんなに縁があるところなのか。あるいは修験道と何らかのつながりがあったのか。

片山純一「馬車は倉敷へ」は、そのような疑問を利通の曾孫である大久保利泰氏に直接ぶつけている。その返事は「馬車は、事件後、高輪の大久保家別邸にあったお宮の中に保管されていました。それが、祖母（大久保利通三男の利武氏婦人）のところに出入りしていた尼さんが、人の血が流された馬車を家の中に置いておくのはよくない。きちんとしたところに納めてお祓いをした方がいいでしょうと進言。そして、五流尊瀧院を紹介してくれたのです」というものだった。

さらに引用すると、この比丘尼について、同院の宮家道玄管長は、「本院のお弟子さんで福岡生まれの姫野宏明さんです。東京の目黒に公明院を開き、その後、信州の戸隠へ移られました。目黒の院は今はありません」と話され、御奥様が「それは聡明でお綺麗で、霊験も灼かなお方でいらっしゃいました」と附言して下さった、とその仲介者もわかっている。

ここ岡山県の五流尊瀧院に移されたのは、昭和十六年（一九四一年）である。同院には大久保利武の署名が入った寄供状があり、御庵室の応接間にその額が掲げられている。

「馬車は倉敷へ」は、これについて「確か永代供養料は百円だったように記憶します。寄供状の控え、五流尊瀧院からの受領証もありましたが、現在は佐倉市の国立歴史民俗博物館に保管していただいています」と大久保利泰氏の答えを記す。

また東京からの運搬は、NHKの大河ドラマ「翔ぶが如く」が放映された平成二年（一九九〇年）に地元紙『倉敷新聞』が五流尊瀧院に大久保の馬車が保存されていることを報じたが、その中の先代管長の話では「八トントラックで搬送された」ということである。

なお平成九年（一九九七年）は五流尊瀧院の本堂ができ、そこへ馬車が移された年だが、ちょうど西南戦争百二十年にあたる。鹿児島では「最後の内戦・西南戦争百二十年展」が史料センター黎明館で催された。ここに出展を請われたときが保管場所の移転時と重なったこともあって、大久保の馬車は日本通運のトラックで運ばれていった。美術品同様の扱いだったという。

このときの鹿児島での『南日本新聞』の報道がなかなか興味深い。「西南戦争百二十年展」の開幕を伝える九月十七日付夕刊は一面トップで大きく、「〝両雄〟恩讐超え手握る／西郷・大久保のひ孫テープカット」と報じた。社会面では「お帰り大久保、川路／官軍側史料に関心」という三段見出しで初日の模様を伝えている。

その会場で来場者の目を引いたのは、大久保が止めを刺されたときの刀が、西郷の介錯をしたと伝えられる刀と向かい合うように展示されていたことである。大久保の方の刀は紀尾井町の事件現場から警視庁が押収し、保管していた。長さ六〇センチ、刃先が少し折れているのは首を貫いて地面に刺さっていたからだろう。西郷の方は長さ五三センチで反りが一・五センチある。

意外なことに、西郷を介錯した刀より、大久保に止めを刺した刀の方が大きかった。二本の刀は鞘とともに展示され、その間に大久保が遭難した馬車が置かれていた。

会期中六日間の入場者は一万七千人に上った。最終日は大混雑し、長時間待たされたり、入場できなかったりの事態になった。会期の延長を望む声も出たものの、馬車の供用期限もあって、結局は新聞で「おわび」を出して閉幕した。

この展覧会の目玉となった大久保の馬車の出展について、鹿児島では「一度だけ」と予告記事でうたったが、「馬車は倉敷へ」では実は二度目であるとばらしている。昭和四十三年（一九六八年）に岡山城を会場とした「明治百年記念　おかやま百年展」に出展されており、実際、このときの図録にも馬車の写真が出ている。


さて、実際に大久保利通が遭難したときに乗っていた馬車を目の当たりにして、さすがに感慨が湧いてくる。第一印象として、百数十年前の馬車だから古びているのは仕方がないものの、それにしても瀟洒である。色も政府高官らしい黒かと思ったが、雉色だった。長さ三四〇センチ、幅一六五センチ、高さ一八五センチの英国製の高級品と伝えられる。

馬車は入り口から見て、右側を前方にして展示されている。お寺の説明を聞く。あの扉にはおびただしい血痕があったそうです、いまはよくわかりませんが……。いや、その指さされた右扉を目を凝らして見ると、たしかにほかとは異なる何かのおびただしい跡がある。

さらに教えてくれる。窓ガラスは開いたままで、その右扉は前の方に取っ手が付いているから、前開きである。これを開けるには、扉の幅だけ外の空間が必要である。現代のタクシーでも同じことがいえる。狭い道ではタクシーのドアが十分に開かず、乗客は出られない。左の扉も対照的に前の方に取っ手が付いているから、後ろ向きに開く日本のタクシーとは逆である。

おびただしい血痕とは、窓枠から下の扉に付いていたようだ。かなりの面積のように見えるが、百数十年前の血痕であるから何ともいえない。このあたりを観察しているうちに、その右扉の枠の後方の幌に、ちょうど座席の横のところに、穴が開いていることに気がついた。何かにぶつかったのか、いや、もしかしたら島田一郎が馬車を襲撃したときに刀を突き入れた痕跡か。左右、後ろと三方の幌を見回しても、このような穴はここの一か所だけである。

一番意外なことは室内がきれいなことだった。この馬車はクーペと呼ばれる二人乗りの箱馬車だが、座席のかたちもそのまま残っており、生地もとくに汚れてはいないようだ。室内の刀痕も、あまりに古過ぎるせいか見つけられない。ただし、前窓の窓ガラスが割れている。

反対側に回って左扉を見ると、なおきれいである。一点だけ何か丸い血痕だったらしきものがあるが、おびただしい血痕のあった右扉よりきれいに見える。

ほとんどの歴史本に書かれているのは、大久保は左側の扉から島田一郎に襲われ、右扉からも刺され斬られ、馬車の中で深傷を負わされたということではなかったのか。そして引きずり出されて、馬車の外で止めを刺された、と。

どうも腑に落ちない……。島田ら六人が馬車の中にいる大久保を襲撃したというのが通説になっているのだが、それだったら、室内がどうしてこんなにきれいなのか。血の海になった、血塗られた刃を投げ込んだなどとも書かれているではないか。最初に島田が左側の扉から襲い、仲間が反対側からも斬りつけ、大久保を引きずり出したということなら、右扉の外側に付いているおびただしい血痕とは、いったい誰の血の痕なのか。

あの現場で血を流したのは大久保本人と、それより前に馭者台にいた中村太郎も斬られているから二人だけである。いや二頭立ての馬車を止めるために、左右の馬も傷つけられたから、出血している。犯人グループで血を流した者はいないはずである。

それと左右の扉は前方に取っ手があって、外に開く。つまり扉を開けたときに途中で止めない限り、人が降りるときは扉の内側が外に向くようになる。おびただしい血痕があるのは、右扉の外側である。つまり右扉が閉まった状態でなければ、あのような量の血が付くはずがない。

そんな思いで馬車を見ていると、あることにハッと気づいた。ああした記述には現存する馬車の状態と照合したものはない。文献史料だけでそれらしく書いているに違いない。

これらはまた島田らに直接聞いたのではなく、島田が獄中で話していたことを誰かが聞いて、そこからまた誰かがその話を聞いて伝えられた伝聞もいいところである。それも何より裏付けるものがないと考えられてきたからなのだが、この目の前にある馬車とは、あの事件の唯一の〝生き残り〟証人ではないのか。あの事件には洗い直しが必要である。

二　御用箱の謎

大久保利通暗殺をめぐる詳細な研究書がある。遠矢浩規『利通暗殺』（行人社）である。書名のサブタイトルには「紀尾井町事件の基礎的研究」となっている。紀尾井坂ではなく、紀尾井町となっているところに注目してほしい。

この本については、もうひとつ注目しておきたいことがある。それは研究論文を基にしている本なのだが、これが学士論文であって、修士論文でも博士論文でもなく、学部の卒業論文としてまとめたのであるから、大学四年生の研究ということになる。それが、この暗殺事件を詳細に研究したものであって、指導教授が驚嘆して出版に尽力した。「後生畏るべし」とは、まさにこのことだろう。それも先生もかくあってこそ先生、というべきであろうか。

いや誰が書いたかということは、どうでもいいことだ。こうした紀尾井町での暗殺事件をめぐる優れた研究を踏まえずに、この事件は今日でも相も変わらず「紀尾井坂の変」などと一般に「紀尾井坂」が使われている。歴史家の論述にも暗殺の現場として「紀尾井坂」が出てくるのは、その研究がどの程度のものか、自ずから証明しているようなものである。『利通暗殺』は大久保利通の研究にとって必須の文献であり、類書は見当たらない。

この襲撃の場面は誰も目撃者がいない。大久保はもちろん、馭者も斬殺されており、馬丁は襲われたと見るや直ちに注進に走ったから、犯行の目撃はしていない。したがって犯行グループの側からしか状況を語りえない。それも直接語ったのではなく、そう語ったのを獄中で聞き、それが外に漏れたのを聞いて書き留めたものである。

同書には襲撃された大久保の最期の様子が、そうした文献史料の引用や現地踏査によって克明に描かれている。もちろん著者自らの解釈も入るが、小説の類とは違って、これこれのことからこう考えられると合理的である。

馬車が石橋を渡ったかと思う時、北白河宮邸のくさむらから白兵児帯の書生風の男が二人、手を袖の中に入れたまま、排水溝をまたいで馬車の前にひょいと現われた。芳松は馬車の前に飛び降りて、二人に横にどくように声をかけた。が、二人は芳松の制止をふりきるようにして馬車の前におどりでて、そのうちの一人がいきなり隠し持っていた長刀で馬の前脚に斬りつけた。最初の一刀は脇田だったとも長だったともいう。

しかし第一刀は失敗だった。馬は猶も一散に走り続け、島田は「コハ為損じたりしか」と一瞬肝を冷やしたが、すかさず脇田もしくは杉本が第二刀を浴びせて馬車を止めた。

これとほとんど同時に、島田らも「おの〳〵表着袒ぬぎて両袖を腹のあたりに緊と束ね白き筒袖の肌着を袪はし」たいでたちで、手に手に短刀を持ってばらばらと走りよってきた。


少し補足が必要だろう。馬車は二頭立てで、芳松とは大久保家の馬丁である。犯人側の脇田とは脇田功一、長は長連豪、杉本は杉本乙菊、島田は首謀者の島田一郎である。ほかに杉村文一、浅井寿篤がいて総勢六人。浅井は島根県士族だが、彼らは石川県の不平士族といっていい。この引用文の「ともいう」という表現は、参考にした文献が異なる記述をしているためであり、あえて踏み込まずに併記している。また島田の「コハ……」は注釈に『西南記伝』、島田らのいでたちの描写は五月十五日付『東京日日新聞』と出典を明記している。

このあと芳松は走りに走った。後ろから斬りつけられたが、頭をかすめて帽子を飛ばされただけであった。馭者は中村太郎といい、武器を持たないために脇田に斬殺された。ただし、同書は馭者について、その中村太郎は驚いて手綱を放し、「狼藉者」と叫んで馬車から飛び降りてしまっていた、と書いているが、この書き方には疑問がある。

もとになった『東京日日新聞』の記事を見ると、「馭者は驚きて手縄を放し狼藉者と呼はりつ、飛び下らんとする處を、兇徒はつと進みて一刀にて」と馬車から飛び降りてしまっていたかどうかは断定できない。また『西南記伝』では「脇田は忽ち進みて馬の前足を斬りしに、馭者中村某、之を見るや否や、鞭を揮て脇田を撲ちしかば、脇田乃ち一刀の下に之を斃したり」と、こちらも様子が違うようである。

そのとき——。

大久保は馬車内で書類を読んでいたが、襲撃に気づいて左側の扉から脱出しようとした。が、扉の外には島田一郎が待ち構えていた。島田は自ら馬車の扉を開き、左手で大久保の右手を力いっぱいつかんだ。この時、大久保は「無礼者」と一喝したという。その大久保めがけて島田は「頭を目がけ支へえられし手と共に眉間より目際まで切り付け」、さらに腰を刺した。後に島田は、この時のことを「大久保が、余（島田のこと—筆者注）を睨みし顔の凄く怖しさ、苦痛故か、無念故か、何とも言はれぬ面色は、今に忘れず」と語っている。刺客らは反対側の扉も開けて執拗に斬りつけた。

彼らは大久保を馬車から引きずり出した。大久保は深傷を負いながらも「猶七足八足程もヒヨロヒヨロ」歩いた。島田らは、ふらつく大久保をめった斬りにした。大久保はついに力つきて倒れた。


この記述にはいくつも注釈が付いている。大久保が島田に「無礼者」と一喝したくだりでは、横地永太郎「紀尾井坂事変裁判ニ関スル書類」にある（i）「無礼者」と言ったという説、（ii）「願意アレハ述フベシ之ヲ聴カン」と言ったという説、（iii）男泣きに泣いたという説、を紹介している。が、その前に「無礼者」が一般的……と著者の断り書きがある。

事件の記述は、五月十五日付『東京日日新聞』の「内務卿は車の左の方より地上に下り立んとせられしに、先きに立ちたる一人りの兇徒が頭を目がけ支へられし手と共に眉間より目際まで切り付け、車より引出して亂刀に切り倒し」という記事に依拠している。

『西南記伝』の該当箇所では馬が止まったあと、「時に島田は、大久保参議の将に馬車を開て出んとするを見、左手を以て其右腕を握り、右手にて之を馬車の内に突き、更に刀を揮て之を刺しゝに、大久保参議は、大喝一聲、『無禮漢』と叫びたりと云ふ。長、杉本、杉村、淺井等、直に來りて左右より之を亂刺せしかば、大久保參議は、忽ち斃れたり。島田、長等六人は、各其短刀を馬車内に投じ、」（下巻一　四三一頁）とある。

重要な点は大久保が「左側の扉から脱出しようとした」という著者のこだわりである。『西南記伝』では馬車の右側となっているが、この書の記述は刺客側の視点からなされているので、大久保の視点から左側とする『日日』五月十五日付の記述とは矛盾していないと考えてよいであろう、と。また、島田らが隠れていた位置（壬生邸側の共同便所のあたり）から判断しても左側が妥当であろう、と判断の理由を説明している。

ここで指摘される記述とは、先に引用した『西南記伝』の本記とは別に「島田一良が、在監中同囚に語りしとて、傳ふる處に據れば」という断りが付いている。斬りつけられた馬がなお走り、「コハ爲損じたりしか」と思った島田が、止まった馬車を襲う次の行動が語られる。

「余は大に力を得て、ツト馳せより、右の方より馬車の戸を開きて、二刀まで、刺し通せし其時に、大久保が、余を睨みし顏の凄く怖しさ、苦痛故か、無念故か、何とも言はれぬ面色は、今に忘れず。折しも又左の方よりも、誰なるか、二刀三刀刺し貫き、然して車より引出せし時は、最早命も絶えぐ〱なりしが、猶七足八足程もヒヨロ〱と歩行きしは、全く氣のみ殘りしなるべく、此時皆皆亂刀にて、散散に切りつけ、遂に止めを刺したり」

これによると島田は右から襲い、左の扉からも誰かが刺しているのだが、犯行時の彼らの興奮状態も語られている。「此時余は聲嗄れ、咽喉渇して、動悸強く、吾と吾とを忘れ、殆ど其場に倒れんとせしが、これ程の事に氣後れなしたるは不覺なりきと、氣を取り直して、漸くに傍への溝へ這寄り、一掬の水を喫し、咽を潤して、人心地になりし其折、一同も咽乾きしと見え、皆此溝にて、水を掬し居たるを見れば、自餘の人々も、吾と同じことにやと覺えたり」。『利通暗殺』に戻って、さらに見てみたい。その一三四頁に次のように書かれている。

ここで異説を紹介しておきたい。『県史』などに載っているもので、しばしば小説でも使われるものである。それによると、大久保は刺客が馬車に群がるのを見て「待て」と叱咤した。そして読んでいた書類を静かに御用箱にしまい、自分で馬車を降りた。刺客はあっ気にとられていたが、やがて我れにかえって斬りつけた……。

五・一五事件における犬養毅の「話せばわかる」というせりふに似ていておもしろいが、既に見たように、大久保が馬車の中で相応の傷を負わされていたことは確実なので、「待て」の一言はさておき、大久保が自分で馬車から出てきたというのは誤りと言う他ない。どうやら、このエピソードは五月二十七日付『日日』の記事がもととなっているようである。

その『東京日日新聞』の記事とは「紀尾井坂の凶變の折り大久保公は車中にて御用の書物を披閲して居られしに暴徒は直ちに進で公が右の腕に切付けたり公はこれを見て劇したる色もなく大聲にて待てと云ひながら右の書物を徐かに御用箱に入れられしとぞその時の一聲はいまだに耳邊に殘り居るやうなりと兇徒の一人が糺問のせつ申立てたるよし」というものである。また『県史』とは、『石川県史』第四編の一一二四頁に「時に利通は車内に在りて書類を閲したりしが、兇徒の爲に襲撃せられたるを知り、大聲『待て』と叱咤し、徐にその書類を包まんとせり。是に於いて一良は車窓を開きて利通の手を捉へ、胸部と咽喉を刺すこと三たび、同志亦集り來り、車上より利通を引下ろして」とある。

ここで重要なのは、書類を入れる御用箱の存在である。興奮状態にあった島田らは御用箱には目もくれず、何ら言及していない。しかし、あとで詳述する馬丁芳松の証言（「大久保利通遭難地調査書」）に御用箱が出てくる。大久保が馬車に乗るとき「御側ニハ御用箱ト申シテ紫縮緬ノ袱紗ニ包ンダ長一尺二寸幅一尺位ノ箱ヲ置キ」と、仕事には大切なものであった。

長さ三十六センチ、巾三十センチの大きさである。袱紗に包んで、これを大事に抱えて仕事に向かったのだろう。車内で書類を読むときは御用箱から出さなければならないから、遭難時に書類を読んでいた大久保が御用箱にしまったとしても全然おかしくはない。

芳松の証言は、事件の注進に行って現場に戻ったときにも見たままを語っている。そこには「御用箱ナドハ路上ニ散亂シ、血ガ流レテ居リマシタ」と、御用箱は馬車の中に残っていたのではなく、外に出されていたのである。こうした証言からすると、誰かが御用箱を馬車から持ちださなければならない。犯人側はまったく無頓着だから、何の話も出てこないし、書かれてもいない。これはもう大久保本人が持ち出したとしか考えられないではないか。

そこで大久保は自分で馬車を出たのか、犯人たちに引きずり出されたのか、という問題に直面する。島田が襲ったとき、はたして刀を振るったのは馬車の中なのか、外なのか。大久保はいつ、どのように馬車から出たのかどうか。ここはあれこれ解釈できる文献より、この事件の〝生き残り〟である馬車を見てみたい。

馬車の右扉にはおびただしい血痕が付いていた跡があった。左側の扉には、そんなものはない。放射状に飛んだような一点の血痕らしきものがあるだけである。

やはり島田の第一撃は馬車の外からだったとしても、大久保が自ら馬車の扉を開けて出てきたと考える方が説明に無理がない。島田がその左手で大久保の右手をつかんで動けないようにし、右手に持った刀で頭に斬りつけるには馬車内の空間が狭すぎる。車内は外から見た限り、今日でもきれいである。馬丁芳松の証言でも「馬車ノ内ハ何等取リ亂シタ様子ハ有リマセン、只前邊硝子ニ、一點ノ血潮カ放射サレタノヲ見タダケデアリマス」と語っている。

これらは何を物語っているのか。この馬車内の状況から言えることは、大久保は右扉の前で、致命的な襲撃を受けたのである。大久保を引きずり出したのなら、扉が開いたままの状態では大量の血痕が扉の外側に付くはずがない。

獄中の島田一郎がさまざまに語ったことを、また伝聞としてさまざまに語られているが、まず誰に語ったかということが明らかにはされていない。しかし、そうしたまた聞きの中でその誰にが明記されている陸義猶の談話がある。「島田一郎一列紀尾井坂事件実歴附二十二節」(『史談速記録　第百九十輯』)には、陸義猶が明治四十一年四月十八日の史談会で、島田一郎の知人伊藤某氏に語ったという〝紀尾井坂〟の実況を明らかにしている。

馬車の前に飛び出してきた犯人から、左側の馬が前脚を薙ぎ払われてからのことである。

御者中村太郎といふ者が、最も強い男で飛び下りて鞭で以て脇田を毆った、脇田ハ返す刀で一刀の下に之を斬つて仕舞つた、車中で大久保氏が之を見て内から馬車を開けて出様とした、丁度島田の居る方へ出たので、島田ハ得たりと左の手で大久保氏の右の腕を捉んだ、一生懸命に捉んだから、大久保氏の右の腕は砕ける様であつたろうと、伊藤に話したさうで、スルと大久保氏ハ「無禮者ッ」と大喝一聲されたが、島田が右の手で腰車へ突込んでウンと刺した、それへ左右から來て各々一刀ヅ、刺した、

ここには大久保が馬車の中から扉を開けて出ようとし、それがちょうど島田のいる方に出たと語られている。それは右の扉なのか、左側なのか。

これについて、馬丁の芳松が現場に戻ったときに見たのは「左馬ハ倒レ、右馬ハ起ツテハ居ルガ、腹カラ血ガ迸シツテ居マス」という状況だった。二頭立ての左側の馬が倒れたのである。馭者の中村太郎が左側から馬を斬った脇田に鞭を振るって、そのために斬られてしまった。これは馬車の左側で起きた出来事なので、大久保は右側の扉を自分で開けて外へ出た。そこに島田がいた、ということである。

また五月二十七日付の『東京日日新聞』には「暴徒は直ちに進で公が右の腕に切付けたり公はこれを見て劇したる色もなく大聲にて待てと云ひながら右の書物を徐かに御用箱に入れられしとぞ」とあり、暴徒すなわち島田の第一撃は馬車の右側から中に突き入れた。そして右腕を

負傷した大久保が書類を御用箱に入れた。ここまでは馬車の中の光景である。

島田が刀を突き入れたのは、窓からだったのか、あるいは馬車の右側の側壁に付いていた穴はこのときのものなのか。実際、大久保は右腕に三寸（九センチ）ほどの深傷がある。

こうして史料を見直してきた結果、異説は決して異説ではなく、かえって真相に近いのではないか。『利通暗殺』は実証的な研究ながら、大久保が馬車の中で相応の傷を負わされていたことは確実なので、「待て」の一言はさておき、大久保が自分で馬車から出てきたというのは誤りと言う他ないと言い切るのは、現存する馬車の状況から無理である。

同書では異説として扱われ、しばしば小説で使われる一例として注釈に挙げられているのは、海音寺潮五郎『幕末動乱の男たち　下』（新潮文庫）である。これにおさめられた「大久保利通」では、襲撃のそのときがこのように描かれている。


大久保は文書をひらいて見ていたが、島田がせまると、

「待て！」

と、大喝した。島田は藩兵として戊辰戦争に出て勲功があり、陸軍に入って大尉にまでなった勇士であるが、大久保の威厳に打たれて手をひかえた。

大久保がおちつきはらって書類を袱紗につつんでしまった後、馬車を出て地におり立った時、はっと気づいて、島田は襲いかかり、他の二人もおそいかかり、めちゃめちゃに斬りつけてたおした。

これまでは小説として受け取っていたが、こうして見ると、案外と真実を衝いているようである。ここに付け加える要素として、袱紗に包んだ御用箱はどうなったかという問題が残る。結論として、山高帽子にフロックコート姿の大久保が馬車の右側の扉を自分で開けて出てきたときに、その左手には袱紗で包んだ御用箱を抱えていたと考えるしかない。

時間を追って整理してみると――。

一、書類を読んでいた大久保は、二頭立て馬車の左馬が前脚を薙ぎ払われ、犯人に鞭を振るおうとした馭者の中村が斬られて地に倒れたことから異変に気づいた。馬車がなお少し走って止まったとき刃を突き込まれて右腕を負傷したが、「待て」と一喝、いつものように書類を御用箱に仕舞って袱紗で包んだ。それから左手に御用箱を抱え、右の扉を開けて外に出た。そして自ら閉めた右扉を背に、暗殺犯と向かい合った。

二、そこへ島田が左手で大久保の右腕をつかんで動けないようにした。大久保が「無礼者」と言ったのは、このときではないか。そうして島田は大久保の前額部に斬りつけた。ちなみに大久保は背丈が五尺九寸、対する島田は肥満漢ながら五尺三寸（『西南記伝』による）。ほぼ二十センチの身長差があり、この刃で大久保は頭というより額を割られたのである。

三、殺害が目的なので、島田は右手の刀で真っすぐ大久保の心臓を刺せばいいはずである。しかし大久保は左手に袱紗で包んだ御用箱を持っており、それができなかった。前額部に斬りつけられた大久保は、さらに「島田が右の手で腰車へ突込んでウンと刺した、それへ左右から來て」と仲間たちからめった斬りにされる。それでも大久保は倒れない。馬車の後方へ「猶七足八足程もヒヨロ〳〵」歩いて力尽き、ついに地に伏した。

四、馬丁芳松の証言では「旦那様ハ馬車カラ二間程後、頭ヲ北ニ、仰向ケニ倒レ」ていた。二間とは約三・六メートルで、長身の大久保が七、八歩よろよろ歩くと、そんなものか。馭者中村は「旦那様カラ一間計離レ」倒れていた。この一間とは馬車の右側と左側で襲われたための間隔だろう。馬が斬られてなお馬車は走ったため、中村は大久保に寄り添うかたちで絶命していた。島田たちは二人に止めを刺したあと、残る四本の刀を傍に並べた。

五、御用箱から手を放したのはいつか。大久保は馬車の外に出て前額部を斬られ、腰に深傷を負ったときなのか。犯人たちに斬られながら「猶七足八足程もヒヨロ〳〵」歩いているときに落としたのか。大久保家には御用箱に入っていた書類二通が保存されていて、写真で見ると、これらには少し血が付いている。血染めという言い方はオーバーのようで、大事に御用箱を抱えていたに違いない。大久保の検視の結果から考えて、七足八足程よろめいていたときに落とした可能性が大きい。

かくして大久保は抱えていた御用箱を落とし、絶命した。事件に遭遇した馬丁の芳松が各所に注進して現場に戻ってきたときの状況は「大久保利通遭難地調査書」に記録されている。

ついに倒れて止めを刺された大久保の様子は「勿体ナクモ咽喉ニ刀カ突キ刺シタマ、デ、其頭ノトコロニ脇指三本ト刀一本ヲノ形ニ抜イタマ、チヤント並ベテ在リマシタ、私ハ直ニ突キ刺シタ刀ヲ抜カウトシマスト、地中ニマデ及ンデ居リマシタ」という。

つまり、島田たちが犯行後に凶器を馬車の中に投げ込んだという説は、「馬車ノ内ハ何等取リ亂シタ様子ハ有リマセン」ということからあり得ない。現存する馬車の中もきれいなままである。しかし「只前邊硝子ニ、一點ノ血潮カ放射サレタノヲ見タダケデアリマス」については、わからない。大久保が車内で負った傷がそんな血潮を飛ばしたとも考えられないし、馬車の右扉前で斬りつけられたときに飛んだと考えるのも無理なようだ。

　これについて『利通暗殺』の記述は「中はそれほど乱れてはいないが、刀痕ははげしく、前窓のガラスにも血潮が飛び散っていた」（一四一頁）としている。だが、現存する馬車の内部を見ても「刀痕ははげしく」は確認できない。また芳松の「一點ノ血潮ヵ放射サレタノヲ見タダケデアリマス」という証言から「血潮が飛び散っていた」としているのは、誤解を招きかねない表現である。

　なお芳松のいう前窓のガラスは、現在では割れてしまっている。輸送中のことなのか、保存中のことなのか。もしできるのだったら、放射された一点の血潮は窓ガラスの内側に付いていたのか、外側だったのかを確認したいところである。外側だったら、すでに散散に斬られている二頭の馬か、馭者の中村太郎の血潮が飛んだ可能性も考えられるではないか。

　「大久保利通遭難地調査書」には、大久保の創傷について、侍医伊東方らによる次のような報告が付記されている。なお丸囲みの番号は整理するために筆者が付けたもの、黒丸の白抜き数字は突き傷であり、ほかの切り傷とは区別した。念のためにだが、数字の番号は傷を負った時間的な順番ではない。

①前額切創凡五寸深ク
②右頭側面切創凡六寸尤深ク頭蓋骨ヲ切斷ス
③後頭切創二ヶ所凡六寸尤深ク頭蓋骨ヲ切斷ス
❹左頸部突創尤モ深シ凡二寸
⑤左頸部切創凡二寸
⑥右鼻側切創二寸淺
⑦左下顎切創凡五寸尤モ深ク骨ヲ切斷ス
❽右肩胛突創七寸尤モ深ク肋骨ニ貫通ス
⑨右腕切創凡三寸深
⑩右手背切創二ヶ所一二寸淺
⑪左腕切創二寸中等
⑫左手背切創二寸中等
⑬右ノ腰部切創一尺强尤モ深シ
⑭左膝下内側面切創七寸最モ深シ

これらの傷を見てすぐ気づくのは、首から上に集中していることである。胴体には二ヶ所、右の肩胛骨と腰部であり、左側はない。これはやはり大久保が袱紗に包んだ御用箱を左手に抱えていたためではないか。そして正面からの傷は前額と腰部、大久保が倒れてから止めを刺すための首あたりなのである。

あとは手の傷は別として、頭の右側面や後頭部二ヶ所、右肩胛骨の傷は、馬車の右扉から離れた大久保の背後から両手で刃を思いっきり振るった攻撃だったのだろう。大久保に向かい合っての攻撃は、最初に大久保の左手をつかんだ島田一郎だけだったようだ。

その島田の行動だが、最初に『東京日日新聞』の記事に「大久保公は車中にて御用の書物を披閲して居られしに暴徒は直ちに進で公が右の腕に切付けたり」とあるのは⑨右腕切創凡三寸深に相当する。それから「待て」といって馬車の外に出てきた大久保は、その右手を島田が左手でつかんだので「無礼者」と一喝。そこで島田は右手に持った刃で①前額切創凡五寸深を負わせ、さらに今度は⑬右ノ腰部切創一尺強尤モ深シと攻め立てた。

しかし大久保は倒れない。島田以外の誰かが斬りつけた。②右頭側面切創凡六寸尤深ク頭蓋骨ヲ切斷スと頭蓋骨を断つほどの衝撃だ。さらに大久保の背後から③後頭切創二ケ所凡六寸尤深ク頭蓋骨ヲ切斷ス❽右肩胛突創七寸尤モ深ク肋骨ニ貫通ス⑭左膝下内側面切創七寸最モ深シとメッタ斬りにした。この間に大久保は左手に抱えた大事な御用箱を落としてしまったのか。

さすがに倒れた大久保に島田たちは止めを刺した。それは❹左頸部突創尤モ深シ凡二寸⑤左頸部切創凡二寸⑦左下顎切創凡五寸尤モ深ク骨ヲ切斷スと執拗なものだった。⑥右鼻側切創二寸淺はそうした刃の動きの中でついたものか。これらの傷は一度で止めが決まらなかったためだろう。左頸部に傷が集中しているのは、犯人が右手で刀を振るったからに違いない。

このような一連の説明で残るのは⑩右手背切創二ケ所一二寸淺⑪左腕切創二寸中等⑫左手背切創二寸中等である。これら致命的ではない傷は、犯人たちの刃を手でかばったことから生じたものか。ほかに馬丁の芳松が調査書で述べていた傷があるはずだが、ここには出ていない。現場でよく見ると、大久保の右の掌から血が出て五本の指が切れていた。どうやら賊の刀を握ったらしい。島田一郎の刀を前額部に受けたときのものかもしれない。

この犯行の模様はさまざまに描かれているが、よく引用される『東京日日新聞』の五月十五日付けの記事「一人りの兇徒が頭を目がけ支へられし手と共に眉間より目際まで切り付け」はわからない。大久保の左手は御用箱を抱えていて、右手は島田に強くつかまれている。御用箱を抱えたまま前額部をかばったのか。それにしては①前額切創凡五寸深クなのに、それをかばった左手は⑫左手背切創二寸中等とそれほど深傷ではない。やはり疑問と言うしかない。

この惨憺たる暗殺現場に、前島密が駆け付け目撃したことは前述した。そこで「公の遺體を點検しゝに、肉飛び骨砕け、又頭蓋裂けて脳の猶微動するを見る」と、裂けた頭蓋骨の中でも脳がまだ動いていたという。幕末維新をここまで生き抜いてきた大久保利通は、絶命してなお脳がピクピク動いていて、いったい何を考え、何を思っていたのだろうか。

三　その日その前後

その日の事件はよく知られている。しかし、島田一郎ら六人が大久保内務卿の馬車を襲撃して暗殺したということだけで、その日の事件の前と後はあまり知られてはいない。直前、大久保は早朝訪ねてきた福島県権令山吉盛典と会い、懸案の安積疏水について語っていた。さらに山吉を引きとめて明治維新から三十年を三期に分けて発展の方策を語った。

最初の十年は創業、続く第二期は殖産興業、富国強兵の十年、そして明治二十年代は完成期で、不肖大久保は今後十年を担当し、あとは後継者に委ねる。そんな施政の青写真である。これらは暗殺事件の詳細よりも、大久保に関する本には必ず登場する。

だが、そんな大久保が馬車に乗り込んでから、間もなく無言の帰宅をするまでのことは断片的にしか語られていない。これまでたびたび登場した馬丁の芳松は事件こそ目撃しなかったが、その前後についての詳しい証言をしている。

それも昭和四年（一九二九年）になってからのことである。これによって、大久保遭難の場所がはっきり特定された。それまでは現場があいまいで「紀尾井坂の変」「紀尾井坂事件」とも呼ばれていたのだが、遠矢浩規『利通暗殺』はサブタイトルで「紀尾井町事件の基礎的研究」とした。以来、大久保暗殺事件は紀尾井町事件という呼び方が定着してきた。

かつての馬丁芳松は小高芳吉といい、このとき八十歳になっていた。大久保の遺徳を偲ぶ枢密顧問官子爵石黒忠徳は、かねがね暗殺事件の正確な現場がわからないことに疑問を抱いていたが、芳松が生存していることを知った。そこで宮内省が紀尾井町の現場に呼び、正確な記録をすることになった。これらは六月一日付の『国民新聞』に報道されたことである。

その小高芳吉の証言を臨時帝室編修局がまとめたものが「大久保利通遭難地調査書」である。備考として「編修官補布施秀治編輯」と担当者の名前が掲げられている。また当時の大久保家から「侯爵大久保利武校閲」とあるほか、わきには「昭和四年四月十六日始二十五日調査終了」と調査期間を正確に記している。

現在は宮内庁書陵部所蔵となり、堀口修監修・編集『明治天皇紀　談話記録集成：臨時帝室

編修局史料　第九巻』（ゆまに書房）に収録された。昭和初期のタイプ印刷のようだが、そのまま収録されている文字はつぶれたところもあり、読みにくい。しかし、伝聞や憶測の多い事件当時の報道や伝聞ではなく、半世紀後とはいえ、当事者の一人の貴重な証言である。

そこで本書でもこれまで断片的に引用してきたが、あえて重複を承知で本筋を追ってみたい。タイプの文字が読み取りにくい箇所があるうえ、そのほかにも筆者の読み取りの間違いがあるかもしれない。これらはすべて筆者の責任である。

大久保利通遭難ニ付キ小高芳吉談話筆記

私ハ大久保様ノ御屋敷ニ御奉公致シマシタ三年目ノ明治十一年ハ二十九歳デ（嘉永三年一月六日生）馬丁ヲ勤メテ居マシタ、五月十四日ハ晴天デ、午前八時前十分、旦那様ハ（利通ヲ指ス）太政官へ御出仕ニナリマシタ、例ノ様ニ御玄關ニハ奥様會計掛書生マデ御見送、フロックコートニ山高帽子ノ御姿デ、平常ニ御變リナク、二頭曳ノ相馬車ニ召シ、御側ニハ御用箱ト申シテ紫縮緬ノ袱紗ニ包ンタ長一尺二寸幅一尺位ノ箱ヲ置キ、中村太郎ハ馭者台ニ、私ハ伴乗台ニ、威勢ヨク御出門デ御坐イマシタ、ここには語られていないが、「孫が描いた大久保利通のプロフィル」（石原慎太郎ほか『大久保利通』所収）で、歴史学者大久保利謙はこのときの因縁話めいたエピソードを披露している。

子煩悩な大久保は「末娘の芳子（後外交官・伊集院彦吉に嫁す）をただ一人の女の子というので大変かわいがっていた。毎朝玄関で抱いたりしていたが、ちょうど、明治一一年五月一四日、太政官に出勤するというので出かけようとすると、どういうものか、赤ん坊の芳子がどうしてもこの朝にかぎって抱かれながら泣きやまない」のである。

そこで大久保はどうしたか。「どうしても泣きやまないので仕方がないので、いったん抱いて馬車に乗せて玄関前を一回りしてようやく泣くのをやめさせて、再び馬車を走らせて、今日の赤坂離宮にあった仮宮殿の太政官に向かう途中、清水谷付近の寂しい所で、あの難に遭って落命した。まことに不思議な話である」。これは大久保家に伝わる話なのだろう。見送りの「奥様会計掛書生」もほほえましく見守ったにちがいない。

それから馬車は大久保邸の門を出た。馬丁の芳吉はそのコースを語っている。

御屋敷ハ麹町三年町、今ノ白耳義公使館ノ在ル所デアリマシタ、直グ左向キ、大木參議ノ御屋敷横手カラ突當リガ支那公使館、右ニ曲ツテ西郷様ノ門前ヲ過ギ、獨逸公使館前デ左ニ折レ、今ノ大藏大臣官邸横ノダラダラ坂ヲ下ツテ右ニ、三平坂ヲ上ル時、梶棒ヲ押ヘルタメ、伴乗台カラ降リテ駈ケナガラ何氣ナク見マスト、イツモ車内デ新聞カ書物ヲ見テ御坐ルノニ、此日ニ限ツテ、腕ヲ組ミ眼ヲ閉ヂテ何カ御思案ノ御様子デアリマシタ、坂ヲ登リ切ツテ左ニ、赤坂見付ノ手前カラ右ニ逹磨坂、夫レカラ直グニ馬首ヲ左シ、北白川宮様ノ南側、土堤内ノ坂路ヲ下リマス、此道ハ辦慶橋ガ出來マシテカラ癈道ニナリマシタ、夫カラ右ニ折レテ御遭難ノ清水谷ニ進ンダノテ御座リマス、

周囲の景観は大変わりである。御屋敷と呼ばれた大久保邸は麹町三年町にあった。昭和四年の時点ではベルギー大使館だったというが、いまはおおよその見当で首相官邸あたり。高官の御屋敷があるところは右に国会議事堂、左に議員会館が並ぶ。それから左折すると、今日でも坂の上り下りがあって少しややこしい。

注目すべきは芳吉がちらとのぞいた馬車の中の大久保は、いつもと違ってこの日は腕を組みながら何か考えていた様子だった。いつもは新聞か書きものを読んでいるとも語っている。屋敷を出てまだ間もない。何か気になることがあったのか。

當時ト只今トハ地形カ一寸變ツテ居リマス、當時ハ前申上ゲタ通リ、辨慶橋ハアリマセンデ、土堤カ東西ニ續イテ居リマシタ、北白川宮様横手ノ土堤内道ヲ下ツテ、突キ當ツタ西側ニ共同便所ガ在リマシテ、南北一直線ノ清水谷紀尾井町通リハ、道巾モ今ヨリ狭イ様ニ思ハレマス、道ノ兩側ニ細イ溝カアリ、横斷ノ石橋カアリマシタ、北ニ向ツテ右手ハ北白川宮様ノ御屋敷デ、半分位ハ宮様ノ土堤、其時土堤普請デ五十人計リノ土工カ仕事ニ掛ラフトシテ居リマシタ、今ノ記念碑ノ在ルアタリハ、春ハ摘草カ出來ル野原デ、北東ノ曲リ目ニ清水カアリ、交番カ建テテアリマシタ、其向ヒ側ニ廐ガアリ、其續キハ枳殻ノ生垣デ、中ハ茶畠、高イ處ハ壬生様ノ屋敷デ、今ノ様ニ櫻ノ並木ガアルデナシ、夜中ナドハ物凄イトコロデ御坐リマシタ、

この光景も現在では変わっているが、赤坂見附跡には歴史を説明する立て札がたっている。ここから坂を下って清水谷へ行くのだが、すでに近くにホテルが建っている現代でも、馬車が進んでいく様子が目に見えてくるではないか。「北白川宮様ノ御屋敷」はのちに赤坂プリンスホテルとなり、馬車が進んだ道そのままかどうかはわからないが、遊歩道が現在もある。向かい側の「壬生様ノ屋敷」もまたホテルニューオータニが建っている。二つのホテルの間の通り

は、いまはおなじみの弁慶橋から抜けるが、この橋は事件当時まだない。

旦那様ハ、赤坂見付外ハ人通リガアッテ危険デアルシ、清水谷ハ近クモアルト申サレテ、参朝ノ時ハ此處カラ紀尾井坂ヲ登リ、喰違ニ出テ假皇居ヘト云フコトニ決メテ居ラレマシタ、今一ツ序ニ申上ゲマスカ、赤坂見付外、今ノ辦慶橋ノ袂、共同便所ノ在ル所ニ西洋作ノ赤坂警察署（分署カ）ガ在リマシタ、

このくだりは芳吉だけではなく誰しもが感じる疑問が前提になっている。赤坂見附からそのまま坂を下って堀沿いに右回りで紀ノ国坂を通った方が、太政官のある赤坂仮皇居へ行くには近道ではないかということである。

ただし、いまも史跡となって残る赤坂見附から現在は迎賓館のあたりを見渡すと、右側の紀尾井町のルートは木々に隠れてストレートに目的地が視野に入るから、左側の大きく堀沿いに右曲がりにまわる紀ノ国坂のルートが遠回りに見えなくもない。大久保の馬車はいよいよ島田一郎たちが待つ地点にさしかかってゆく。

私ハ宮様横ノ土堤内坂ヲ下ル時、伴乗台カラ降リテ駈ケマシタガ、突キ當ツテ右ニ曲ル所デ飛ビ乗リ、石橋ヲ渡ツタカト思フ時、右向手ノ叢カラ、白兵兒帶ニ帽子モ取ラズ、手ヲ袖ノ中ニ入レテ妙ナ恰好シタ二人ノ書生カヒヨイト溝ヲ跨イデ馬車ノ前面ニ顕ハレマシタノヲ見マシタカラ、「エイヘー」ト注意ノ掛聲ヲシマシタ、

島田ら一味六人は北白川宮邸側に二人、壬生邸側の共同便所のところに四人が馬車を待っていた。右側の二人は馬の前にひょいと飛びだし、芳吉は馬車から「エイヘー」と注意を喚起した。このあたりはなかなか臨場感があるところではないか。後の状況から判断すると、現れた二人のうちの一人、脇田功一は前夜隠しておいた長刀を揮って左馬の前脚を払った。馬車の前方左には脇田、右に長連豪がいたのである。

ケレドモ避ケヤウトセズ、邪魔ニナル様ナ氣配カシマシタノテ、道ヲ開ク爲ニ伴乗台カラ飛ビ降リ、馬車ヲ駈ケ抜ケ様トシマスト、後カラ私ノ頭ヲブーント遣リマスノデ、帽子カ飛ビマシタ、刹那、大變タト思フト同時ニ、横ノ方へ飛ビ出シ、右手ノ宮様土堤普請用ノ假通路カラ突進シ、藪ノ山ヲカケヅリ登リマシタ、私ヲ賊カ追ツカケマシタカ、杉村文一

ト申ス十六才ノ少年デスカラ、追ヒ付ケマセン、

芳吉が馬車を飛び降りたとき、すでに後ろから残る四人が迫ってきていた。彼らにまだ気が付いていない芳吉は背後からブーンと斬りつけられた。帽子が飛んだだけだったが、咄嗟に異変を悟って、右側の北白川宮邸の工事用の仮通路に突進し、坂を一気に駆け上がった。追いかけた杉村は追いつけなかった。この状況から芳吉は右側に飛び降りたことがわかる。犯人たちは左右から馬車を襲撃したのである。

それから芳吉は北白川宮邸を早口で事件を告げながら突っ走って通り抜け、先ほど馬車で通った達磨坂から「韋駄天走リ」で赤坂見附を過ぎて赤坂警察署にも通報したというが、それぞれ相手側にはわかったかどうか。さらに「紀ノ國坂カラ赤坂假皇居ノ宮内省ヘ一目散、丸デ無我夢中デ馳セ」たのであった。宮内省の受付で「内務卿ノ馬丁テスカ、イ、、イマタ、大變デス、清水谷デ内務卿ガ賊ニ斬ラレテ居マス、早ク御願」と言ったつもりだったが、血相を変えた男が早口で叫ぶものだから、取り合ってくれない。

「大變タ頼ム」との声に応えたのは馬丁仲間だった。先着していた大木参議の相澤作次郎と大隈参議の小川多吉が加勢して彼についてきて、現場に戻った。しかし現場には巡査が来てい

て、「私ハ内務卿ノ馬丁デ、今宮内省へ注告シテ來マシタト申シマスト、二人ハ入レス、私丈ケ入レテ呉レマシタ」と、中に入れたのは小高芳吉一人だった。

道ノ兩端ニモ巡査ノ立會カアリマシテ、現場ニハ誰モ居マセン、サテ現場へ來テ見マスト大變ナ有様デ、誠ニ目モ當テラレマセン、御馬車ノ留ツテ居ルノハ石橋ノ北デ、哀悼碑ヨリモ南寄り約二十餘間、宮様土堤ノ筋内、道ノ中央カラ少シク西側寄リ、左馬ハ倒レ、右馬ハ起ツテハ居ルガ、腹カラ血カ迸シツテ居マス、馬車ハ四輪車デスカラ横倒レニナリマセンカ、兩方ノ扉ハ開ケ放シデス、轅木ハ折レテ居マシテ、御用箱ナドハ路上ニ散亂シ、血カ流レテ居リマシタ、

これは現場の状況についての貴重な証言である。脇田に前脚を薙ぎ払われ、なおも走ったのは左側の馬であることがわかる。右側の馬は立っていたが腹から血が迸っていた。四輪馬車は横倒しにはなっていなかったが、轅木は折れていた。両側の扉は開いたままになっていた。大久保が側に置いていた御用箱は馬車の外にあって散乱し、血が流れていた。芳吉は馬丁だから、まず馬車に目が行ったのだろう。だが、肝心の大久保内務卿はどうなっていたのか。

旦那様ハ馬車カラ二間程後、頭ヲ北ニ、仰向ケニ倒レ、勿体ナクモ咽喉ニ刀カ突キ刺シタマ、デ、其頭ノトコロニ脇指三本ト刀一本ヲノ形ニ抜イタマ、チヤント並ベテ在リマシタ、私ハ頸ニ突キ刺シタ刀ヲ抜カウトシマスト、地中ニマデ及ンデ居リマシタ、抱キ起シテ耳元デ、旦那様旦那様ト泣キ聲デ呼ビ申シマシタガ、最早オ答カアリマセン、中村ハ旦那様カラ一間計離レ、コレモ頭ヲ北ニ、馭者用ノステツキヲ手ニシ、咽喉ニ刀ヲ刺サレテ倒レテ居マス、私ハ可愛想ナコトヲシタト刀ヲ抜キマシタ、

　馬車から二間ほど後ろ、つまり三・六メートル離れて大久保は仰向けに倒れていた。のどには止めの刀が刺したままになっていて、傍らに刀と脇差が四本並べてあった。これらも犯人たちが大久保を傷つけたことは医師たちの検死からうかがえる。そしてこの脇差という表現も、いまでは刃渡りの短い刀を想像する「短刀」というより正確にちがいない。
　刀を抜き去ったあとの、芳吉が大久保に対してとった行動は健気である。そして、異変に気づいてすぐ注進に走ったため別れてしまった、馭者の中村太郎まで首に止めの刀を刺されていた。そして中村はその手に馭者のステッキを持ったままだった。このステッキとは鞭のことなのかわからないが、芳吉ならずともかわいそうなことをしたという気持ちになってくる。

斯クスル内ニ、イツシカ側ニ警部巡査カ來テ居マシタ、警部ハ、山ノ上カラ見降サレテモ困ルカラ、毛布ヲオカケシロト云ヒマスノテ、馬車ノ中ノ毛布デ旦那様ヲ包ミマシテ、警部ト二人ノ巡査ノ手傳デ、馬車ニオ入レシマス時ニ、右ノ掌カラ血カ出テ五本ノ指カ切レテ居マスノニ氣カ付キマシタ、賊ノ刀ヲ握ラレタラシイノデアリマス、

たしかに現場は北白川宮邸から見下すことができる位置にあった。こうした遺体を見せもののようにさらすわけにはいかない。警部がこれに気がついて、芳吉は馬車の中にあった毛布を持ってきて、大久保の遺体を包んだ。警部、巡査も手伝って四人がかりで遺体を馬車の中に運び入れた。このとき大久保の右の掌から血が出ていて、芳吉はその傷に気がついた。

モー馬ハ役ニ立タズ、如何シヤウカト當方ニ暮レテ居マスト、内務少書記官西村捨三サンガ、人力車デ來ラレ着カレマシタ、ソコヘ宮内省ノ御馬車ガ馳セ付ケマシタ、后ニ聞イタ事デスガ、私ガ飛ビ去ツテカラ、入江ガ申シ出タノデ、素破大變ト宮中大騒ギデアツタサウデス、

そこへやってきた宮内省の馬車に乗っていたのは、朝早くから参朝し、凶変を聞いて直ちに駆けつけた皇后宮太夫香川敬三である。このあとに編集にあたった布施編修官補が医師たちの検死報告を参考として記載している。大久保については前節で見てきた通りであり、ここでは中村太郎についても見てみたい。その分は次のようである。

　駆者中村太郎創痍
左耳下ヨリ右ノ下顎ニ至ル切創凡六寸深
左肩胛部ヨリ右肩胛部ニ至ル切創凡一尺強尤モ深シ
右鎖骨上部突創三寸強尤モ深ク背面ニ及ブ
後頭切創三寸強深
右上　切創三寸強
右肘部二寸中等
右手中指及ビ大指切創一二寸中等

中村の傷もかなりのものである。武器も持たずに芳吉がいう「ステツキ」で激しい抵抗をしたのだろう。最初の深傷は脇田が長刀を振るった。駆けつけた仲間に後ろの方から襲われ、三番目の右鎖骨上部の突き抜いた傷は止めのときに違いない。それでやはり大久保と同じような刀を素手で握ったような指の傷がある。このあとも芳吉の談話が続く。

馬車ノ内ハ何等取リ亂シタ様子ハ有リマセン、只前邊硝子ニ、一點ノ血潮カ放射サレタノヲ見タダケデアリマス、サテ宮内省ハ、旦那様ヲ宮内省ノ馬車ニ御乗シテ御屋敷ニ向ハレマシタ、西村サンハ、私ニ、オ前ハ殘ツテ始末ヲセヨト命ゼラレマスノデ、馬車ハ人手デ押シ、倒レタ馬ハ大勢デ擔ヒ、起ツタ馬ハ前右脚ノ小膝ヲ一刀シヤクリ切ニサレテ役ニ立チマセンカ剛腹ニマセン枠ヲ入レテ人手ニ助ケラレ、三脚デ走リマシテ、一向御屋敷へ引揚ケマシタ

大久保の遺骸は宮内省の馬車に移され、自宅へ向かった。残って後始末をした芳吉は、倒れた左の馬は大勢で担ぎ、右の馬はやはり右の前脚の小膝を斬られていたので、人手に助けられてマセン（馬柵）枠を使って三本の脚によって帰った。馬がこういう状態だから、大久保の馬車は人が押して引き揚げた。あの道筋では坂の上り下りがあり、大変だっただろう。

苦労して大久保邸に戻ってきた芳吉は、主人の遺骸が帰ってきたときの邸内の様子を聞いて、こんなことを話している。

承レバ是ノ朝西郷従道様カ、乗馬デ來ラレ、今ノ閑院宮様御門前ノ角デ旦那様ヲ乗セタ馬車ニ出會ハレ、遺骸ノ脇ニ乗リ、宮内官ハ御者台ニ乗ツテ、御屋敷ニ參ラレタサウテス、西郷様ハ奥様ニ、大久保サンハ御病氣テ御歸リニナリマシタ、御心配ナサルナト、物靜カニ邸内ノ吃驚ヲ收メラレタサウテス、

西郷従道の言葉は薩摩人らしいというべきか。遺骸が目の前にあってなお、ウソだと一目でわかっても、優しい言葉ではないか。西郷従道自身はこの日、ひとりで大泣きに泣いた。前年の秋は実兄の隆盛の戦死の報にも大泣きに泣いた。泣かない大久保に対して、西郷兄弟は情にもろいせいかどうか、涙もろいようだ。それも弟の方が大泣きする。それで官職を放り投げようとした従道を、大久保はイタリア公使に出すことにしていた。今度はその、あるいは実兄以上に近しかった大久保の横死である。こんなときに、この優しい言葉はどうだ。

この日の大久保邸には同じ薩摩人であり、奇行で知られた中井弘も駆けつけた。中井は実話

かどうかわからないが、先輩の大久保を馬車に乗せて自らは御者として走らせたところ、突然の腹痛を訴えて、あろうことか大久保に御者役を代わってもらって上野の精養軒に行ったというエピソードが残る。二人が親しかったことは、中井の著書『漫遊記程』の序に大久保が「乗東風破萬里浪」と揮毫しているぐらいだから間違いない。

中井はこのときの大久保邸の様子を松方正義、鮫島尚信宛に書き送っていた。居間に寝かせられた大久保の無残な遺体を医師が縫合しているところをのぞき込み、子細に報告もしている。「然レトモ顔色生時ニ變ラス」とあるのは、大久保はあれだけ残虐な目にあってもなお、あの厳めしい表情を崩さなかったのか。ただ「僕一見以テ悲慘ノ情胸ニ滿チタリ」と、中井はさすがに悲嘆にくれている。西郷、大山らが詰めかけた高官の中で、伊藤博文について「伊藤ハ殊ノ外涙ヲ流シ、翁ノ非命ヲ嘆息セリ」と伝えている。

書翰は大久保家の財政に触れている。主上から贈られた七千圓は祭儀料にあてるとしても、「卿ノ机ニ貳百四十圓壹朱」の金しかなかった。何と内務卿の家は「其侘赤貧洗フカ如シ」というではないか。その後「參萬圓ノ賜アリ」とはいえ、借金は五代友厚に八千圓あって、うち五千圓は返済し、これとは別に税所篤にも「千五百圓返濟ス」という借金まみれだった。それでも「當分おゆふも高輪ニ在リ、嫡子利和十分ニよろし、母公病氣少々困難ナリ何れ不遠高輪江引移ル筈ナレドモ、先ツ當年中ハ見合ナリ」と締めくくっている（『大久保利通文書　九』）。

再び小高芳吉の話に戻って、さらに見ていきたい。

旦那様カ近頃短銃ノ御用意カアルノデ、サテハ物騒ダゾ、万一ノ事カアツタラ中村貴様ハオウヘ（疾輪ノコト）、俺ハ注告タゾト申シテ居リマシタノテ、是時無意識デ宮様ノ御屋敷ニ駈ケ付ケ、ソレカラ警察署宮内省ト夢中デ駆ケマシタノデ、馬車ノ停マツタノモ、賊カ如何ナ事ヲシタカ知リマセン、馳セ戻ツタ時ハ右申シタ有様、殘念デ御座リマシタ、旦那様ハ何時モ短銃ヲ御側ニ置カレマスノニ、是日ニ限ツテ、今晩六時カラ芝離宮ノ支那公使招待會ニ行カネバナラヌカラ、掃除ヲシテ置ケト短銃ヲ会計掛ノ小林隆吉ニオ預ケニナリマシタノデ、護身ノ道具ハ何モアリマセナンダノハ口惜ウ御座リマシタ、

あのとき芳吉が後ろも見ずに現場から走り去ったのは、万一の場合に馭者の中村と示し合わせていたことだった。中村は異変があれば馬車を走らせて、難を逃れる役割だった。しかし、左の馬の前脚を斬られたために馬車は動かなくなってしまったのが誤算だった。

幕末から護衛をつけていなかった大久保は護身用の短銃を持っていて、馬車に乗る時は側に置いていたようだ。しかし、この日は夕方に支那公使の招待会があるから、と掃除を言いつけていた。結局、馬車には護身用の武器は何もなく、馬丁と馭者が非常時の打ち合わせをしておいたことも、馬の脚が斬られることはまったく想定していなかった。

芳吉は二頭の馬についても語っている。左の馬は南部産の六歳で、左の前脚が皮一寸残して斬られ倒れた。事件後まもなく死んでいる。どこかの説に出てきた馬の額に斬りつけて止めたことに相応する傷は談話に出てこない。この馬は前脚を斬られたあとも惰性でしばらく走った。右の馬は下総牧場産の六歳馬で、事件の傷が治り、なお数年生きていた。

また馬丁部屋にいると、西郷従道と川路利良大警視が当時の模様をいろいろ尋ねに来た、とも芳吉は話している。あとはまだ注進に走ったことについての談話があるが、大久保を追う本筋から離れているので、省略したい。最後に芳吉は殊勝な言葉を残している。

アノ大變カアリマシテカラ最早五十二年ニナリマス、アノ時私ノ注告カ何ノ御役ニモ立タズ、旦那様ヲアンナ目ニ遭ハセ申シマシタノハ、誠ニ相濟マヌ事テ、私ハ深ク恐縮シテ居マス、毎月ノ御命日ニ墓參ヲ致シマスノモ、セメテモト思フカラテ御座リマス、なお、この調査書とは別に『伊藤痴遊全集　第四巻　大久保利通』は、痴遊が小高芳吉から直接聞いたという話を載せている。「府下下目黒七〇一の自宅に訪れると、八十歳とは思へない程の元氣さで、さすが當時を語る一語々々は興奮を加へながら――」と。

宮内省の遭難地調査書と大筋は変わらない。参考までに調査書にないところを拾ってみると、「雉色をした二頭立の箱馬車でした。一頭立のメリケン馬車の時は、御自分で手綱を取られ、私が馬丁としてお附きするのですが、二頭立の時は、中村太郎（當時廿六歳でした）が、馭者となるのです」。そして「今でも彼處を通る度び、南無阿彌陀佛といつて手を合せます。もう五十二年、此の五十二年の間、私は毎月十四日缺かさず青山の墓地にお詣りに參ります」。こう話しながら「老爺の言葉は興奮から次第に變つた」のである。

さて、この調査書には校閲に当たった「侯爵大久保利武談」もあり、芳吉の証言を補足するものがいくつかある。「政ト申ス馬丁ノ居タ頃、濱町邊デ危險ナ事ガアツタサウデ、ソレカラ注意ヲシテ呉レタ人カアツタカ、父ハ死生大ニ在リト云フ調子デ、一向意ニ介シナカツタ」とは、この事件の前にも危ないことがあったらしい。芳吉が勤める前のことである。

そのときの大久保は、いかにも大久保らしい。幕末にも付け狙われていたにもかかわらず、新撰組なんて怖くないといったり、佐賀の乱で銃弾の届くところも平然と視察に行ったり、何らかの天命観を持っていたのだろう。「死生大ニ在リ」とは、そういうことなのか。

それでも「渡邊惟梢カ、色々噂モアルシ大切ナ身デアルカラト強イテ短銃ヲ用意スル様ニ勧メタノデ、短銃ヲ馬車内ニ持チ込ムヤウニナッタ」のは、芳吉が証言していたあの短銃のことだろう。しかし毎日のように馬車で出かけるのに、掃除をしておけと家に置いていくようでは、本人はあまり使う気がなかったのかもしれない。

また大久保が読んでいた書類は何だったか、ということに諸説ある。これには嫡男利和に継子がなく、大久保家を継いだ三男利武が「父ガ遭難ノ當時、携帯シテ居タ書類ハ自筆ノ「御巡幸沿道ノ各縣江御内示大意」ト、起業公債證書條例發布ニ付キ地方官會議議員ニ諮問シタノデソレニ付イテ同會幹事東京府知事楠本正隆ノ送ツタ書翰トノ二通デ、懐中シタモノカ、又ハ御用箱ニ入レテ在ツタノカ不明デアルガ、血痕付着ノ儘保存シテ居ル、遺物トシテハ馬車カアル切リ、御用箱モ洋服モ無イ」と、この調査書で答えを出している。

この二通について石川県立歴史博物館『紀尾井町事件』を見ると、掲載された写真でも楠本正隆書簡にははっきりと血痕がわかる。また「遭難時所持の折鞄　付牧野伸顕自筆由緒書」として革のカバンの写真がある。牧野家の所蔵品だが、これにも書類を入れていたようだ。

車中の書類は西郷隆盛の手紙という説も捨てがたい。これを報じたのは『東京日日新聞』の明治十一年五月二十七日付の記事である。御用箱のくだりはすでに引用したが、それも含めて、ここでもう一度よく追ってみたい。調査書にある大久保利武の談話や事件当日の来訪者の顔ぶれとも合わせ見ると、意外にも興味深いことが浮かんでくる。

○紀尾井坂の凶變の折り大久保公は車中にて御用の書物を披閲して居られしに暴徒は直ちに進で公が右の腕に切付けたり公はこれを見て劇したる色もなく大聲にて待てと云ひながら右の書物を徐かに御用箱に入れられしとぞその時の一聲はいまだ耳邊に殘り居るやうなりと兇徒の一人が糺問のせつ申立てたるよし又聞く此折り公の懐中に西郷隆盛より先年贈りたる書簡二通あり其一通は戊辰の春（日附は正月廿二日とせり）征東の師を發せらる、時外人が頻りに其擧を惡さまに本國政府へ云送る様子なるを西郷は察して王政復古の御趣意を分明に彼等に説諭するやう公の擔任して周旋あらんことを望むとの文意にて今一通は公が歐洲より撮影を西郷へ送られし時の返信なり其文中に寫眞にて見たる處では餘り美丈夫とも受取られねば以來撮影ハ御無用の方然るべしなどある詼諧の手紙なるよし兩通とも當時大山少將が所持せらる、趣きなるがいづれも血痕斑爛として見るも慘しき心地せらる

と抑も公が最期の際に隆盛の手紙を所持せられしとはよく〳〵深き因縁のあることなるべしなど云ふ人もありとか

どうだろう。この記事は意外と正確に書き分けているではないか。大久保が「車中にて御用の書物を披閲して」いたものは、暴徒が切りつけてきたので「右の書物を徐かに御用箱に入れ」たのである。このときに「公の懐中に西郷隆盛より先年贈りたる書簡二通あり」と、御用箱に仕舞った書き物とは別に「公の懐中」に別の書翰があるということではないのか。先に見た大久保利武談話にも「懐中シタモノカ、又ハ御用箱ニ入レテ在ツタノカ」と、仕舞うところが二ヶ所あると認識されており、大久保はほかに書類を入れる折鞄も所持していた。

そして二通の手紙は、実際に『西郷隆盛全集』で裏付けがとれる。前者は慶応四年一月二十三日付（記事は一日違い）、後者は明治五年二月十五日付で本書でも一部を引用した（七四頁）。記事に書かれた手紙の内容も聞いたものとしては正確である。事件直後の記事ながら、かなり食い込んだ綿密な取材をしているようで一連の信憑性はかなり高い。

その手紙の所持者は、西郷の従兄弟である大山巌らしい。大山は事件後の混乱する大久保家に駆けつけていた。中井弘が遺体の縫合を見ていたとき、大久保の所持品はどうしたのか。こんなとき親しい薩摩人が遺品をそのまま持って行っても、特におかしいことはないだろう。

なお、大久保利武談話の続きには殉死した馭者の身の上が語られている。「中村太郎ハ大阪府下ノ者タト云フダケデ、無籍者、苗字モ名前モハツキリセズ、親ニ捨テラレタカデ東海道ヲウロツキ、随分困ツテ居タノヲ父カ拾ヒ揚ゲ、中村太郎ト名ヲツケテ育テタ者デアル」。

世間から冷酷、非情などといわれた大久保の真情をしのばせるではないか。中村はいまも大久保の側にいる。馬丁の芳吉が毎月十四日に墓参した大久保の墓は、青山墓地にあるが、敷地内の左奥に馭者中村太郎と馬車の左にいた馬の墓も設けられている。これを知った彫刻家中村晋也は、鹿児島の大久保利通像の台座に中村と馬のレリーフを刻んだ。

そして、これだけの証言を残した芳吉が、いつ亡くなったのか、墓はどこにあるのか――。だれも知らない。

四　道筋の謎の謎

なぜ、大久保の馬車はわざわざ遠回りして人通りの少ない遭難地を通っていたのか。襲撃犯たちにとっては願ってもないことであった。これは大久保暗殺事件が叙述されるときに必ず言及される謎なのである。明治十一年、太政官は赤坂離宮に置かれていた。赤坂離宮は現在は迎賓館になっているといえば、おおまかな地理が浮かんでこないだろうか。当初は皇居に置かれた太政官は明治六年の火災によって、こちらに移ってきていた。

現在の官庁街である永田町、霞が関あたりにあった大久保邸から太政官に通うには、さまざまなコースが考えられる。しかし、実際に大久保が通っていたコースは自宅から赤坂見附跡に出てきて、ここから外堀沿いの道をそのまま下らず、赤坂御門から清水谷に向かって坂を下る。そこから間もなく紀尾井坂を上っていき、外堀を越えて行けば赤坂離宮はもうすぐだ。

現代なら赤坂御門からすぐ左折して、赤坂プリンスホテルの遊歩道を通って清水谷公園の横におりる。いまも清水が湧く清水谷公園には、大久保内務卿の遭難碑が建っている。道路の反対側にあるホテルニューオータニ沿いに行くと、ここに紀尾井坂があるのであって、紀尾井ホールの前から外堀を越えて直進する。

そこで紀之国坂交差点の丁字路にぶつかる。右に行けば迎賓館に通じ、左に行けば弁慶橋である。つまり、この謎とは赤坂見附跡から紀之国坂交差点までのルートとして、弁慶橋の横から濠に沿って緩やかな上り下りをして行く方が近いのではないか、それなのに大久保は遠回りルートをとっていたのは何故か、ということに尽きる。

ほんとうに遠回りかどうか。こういうときには実際に現場に行って、歩いてみるにかぎる。赤坂見附跡は東京メトロ半蔵門線永田町駅の出口9aのすぐ近くである。そこに立って右すれば清水谷―紀尾井坂を通るルート、左してそのまま坂を赤坂見付の交差点から外堀沿いに行けば近いといわれるルートとなる。

では、歩数計を手に歩いてみよう。『利通暗殺』に図示されている経路を行く。歩数計とはおおまかすぎるかもしれない。なあに、近いか遠いか、それがわかればいいのである。最初は清水谷―紀尾井坂のルートで紀之国坂交差点まで。両ルートはここで合流するから、ここから左折して再び赤坂見附跡をめざす。

その結果は前者の清水谷―紀尾井坂ルートが一三三八歩、後者の外堀沿いルートが九九四歩である。これは明らかに差があり、大久保の馬車は、なぜ遠回りしていたのか。

この疑問に真正面から答えた本がある。そこに征韓論政変で政権を追われた司法卿江藤新平が絡む。佐賀の乱で江藤新平が梟首の判決を受けたとき、「私は」と叫んで立ちあがって法廷から連れ去られたことを、大久保の日記は「四月十三日、今朝出張、裁判所へ出席、今朝江東以下十二人断刑に付、罪文申聞を聞く、江東醜体笑止ナリ」と書いたと引用する。

手元にある日本史籍協会叢書『大久保利通日記　二』を見ると、正確には「四月十三日　月曜」の項は「今朝五時出張裁判所江出席今朝江藤島以下十二人斷刑ニ付罰文申聞カセヲ聞ク江藤醜躰笑止ナリ朝倉香月山中等ハ賊中ノ男子ト見エタリ」である。原文を読みやすくするのはいいが、すでに本書でふれたように、大久保が「江藤」と「江東」をよく間違えるといっても、ここでは「江藤」と書いているのを引用で「江東」にするなど正確とはいえないようだ。

この鈴木鶴子『江藤新平と明治維新』は、そこから「大久保は河野に命じて、新平が法廷で何の発言もできないように、万全のそなえをしていたのであろう」と書いている。「河野」とは裁判長河野敏謙のことである。江藤新平はその日のうちに刑が執行された。

そのあとの同書の記述には、まったく驚かされる。「しかし大久保も、新平の凄じい眼光を、忘れることができなかった。はからずもそれは大久保の死と、繋がっていったのである」(三二六頁)と書かれているのである。大久保の死とは佐賀の乱から四年後の暗殺事件のことに違いないが、これはいったいどういうことなのか。

このときの判決によって処刑された江藤新平の梟し首が写真に撮られていて、これは現在でも見ることができる。その写真が内務省に展示されていたという話もある。また「大久保の憎しみは、新平が東京に残した遺族にも向けられ、江藤家を知人が訪問するのさえ制限した」とあり、これもそこまで…との思いがする記述であるが、事実関係はいかがだろうか。

さて、肝心の江藤新平の凄まじい眼光と大久保の死との繋がりである。同書の最後に紀尾井町事件が出てくる。ここには著者の祖父江藤源作の存在が語られている。

「新平の死後、弟源作は、母と次男松次郎を長崎の自宅に引きとった。源作の長女、富貴の話によると、源作の貿易の事業は順調に発展し、母浅子は、源作のもとで安らかな老後を送った。源作はまた、佐賀の丸目村、現在の西与賀町に帰った兄新平の妻子の世話をすることもできた。源作は長崎で貿易商として多くの使用人を使うと同時に、兄にならって学資に困る書生を養い、のちには中国からの亡命の人々を寄宿させてめんどうをみた」

江藤新平の弟、源作の人となりがよくわかる記述だが、そのあと源作が東京に行き、そこでの出来事が核心に迫るくだりとなっていく。

「明治十一年の春、源作は松次郎を東京の学校に入学させるために上京した。松次郎は、亡き父の名の一字、新と叔父源作の名、作をとって新作と名を改めていた。新平の長男熊太郎は若死にしたので、次男の新作が江藤家を継いだ。新作はのちに佐賀県から衆議院議員に出馬し、犬養毅のブレーンとして活躍したが、その高潔な資性を惜しまれながら、四十八歳で病死した」

第一章でも余談としてとり上げたのだが、『南白江藤新平実伝』の著者は、新作の子息ということになるのだろう。いずれも江藤新平の一族が著した書物であるから、身内ならではの、他からでは窺うことができない事実に期待を寄せることになる。それで『江藤新平と明治維新』では次のくだりが問題の記述になる。少し長いがそのまま引用する。

源作は東京でのすべての用をすませたある日、宿の主人から、近くの道を毎朝、政府の大官が馬車で通るということを聞いた。明治六年に宮城が火事で焼けて以来、赤坂仮御所に太政官が置かれ、大久保をはじめ伊藤、西郷従道、大木、大隈らが、みなその道、紀ノ国坂を通って登庁していたのである。源作は、兄の仇、大久保をどうしようというのではないが、ただ大久保を一目見て帰りたいと思った。かれは翌朝、一人道に佇んで、大久保の馬車が来るのを待った。大久保は、鋭い視線を感じたのか、ふと源作の方を見るや、さっと顔色を変え、身を震わせたという。その驚きようがあまりにも激しかったので、源作は長崎の自宅に帰ると、何度も長女の富貴に話して聞かせた。源作は気付かなかったが、ノイローゼ気味の大久保は、江藤新平の亡霊を見たかと驚いたのであろう。新平と源作は、年も三つ違いなら顔だちも背たけも、よく似た兄弟であった。亡き兄の万感の恨みを両眼にこめて、見あげたその顔に、佐賀の法廷で、「私は」と一言叫んだ怒りに燃えたった新平の目、新平の顔が重なった。

江藤家の執念がここに極まったような記述である。幼少時から暗殺に至るまで生涯にわたって膨大に残された大久保の史料でも、他には描かれたことのない周章狼狽の記述である。ここで描かれた大久保の驚きぶりは「豪邁沈毅」と評された彼の一生の中で、それほどの衝撃であったのだろうか。もっと重大な人生の局面でも、こんな大久保の姿は見られない。

このあとに重要な記述がある。それは著者が意識してのことか、あるいは意識せずに書いたのか、それまで謎とされてきた大久保の馬車が通るコースのことである。引き続きそのまま引用してみたい。

大久保は、その後登庁の道すじを変えた。それは現在にいたるまで誰にも理由のわからぬ謎とされている。明らかに遠まわりであり、草のおいしげった裏道を、清水谷へと下り、紀尾井坂を登って赤坂仮御所へ通うようになったのである。それは大久保の命をねらう石川県士族島田一郎らに、願ってもない襲撃場所を与えることになった。

同書に従うなら、明治十一年の春まで大久保の馬車は、現在の弁慶橋のある通りを外堀に沿って走り、紀ノ国坂を経て、そこから赤坂の仮御所に行っていたということか。これがほんとうだとすると新事実と言わなければならない。

それで早速これに飛びついた歴史学者が、この話にお墨付きを与えたことから問題が大きくなる。芳即正・毛利敏彦編著『図説西郷隆盛と大久保利通』で、毛利氏は源作が長女の富貴に話して聞かせた個所の引用をしたあとに、こう付け加える。「大久保は、源作の顔に、彼が佐賀の乱で処刑した江藤新平の亡霊を見たのかと、思わず取り乱したのではないだろうか」と。

引用書の続きには「大久保は、その後登庁の道すじを変えた。それは現在に至るまで誰にも理由のわからぬ謎とされている」と驚かされたが、これについての毛利氏の見解にはもっと驚かされる。「著者が伯母の富貴刀自から直接聞かれた話であろうが、私も事実であると直感する。人の運命の不思議さを思わずにはおられない」と、事実の検証よりも直感なのである。

問題の『江藤新平と明治維新』は江藤の弟源作の血を引く筆者が「一介の主婦にとって、明治維新という一大政治変革にかかわった政治家の一生を描くことは、それがたとえ大伯父のことであるにしても無謀であろう」(あとがき)という断り書きが見られる。

しかし毛利氏は大阪市立大教授を務めた歴史学者である。とくに明治六年の征韓論政変をめぐる論考は、西郷隆盛の征韓論が遣韓論で、その政変は大久保利通ら岩倉使節団の外遊組が留守組に仕掛けた権力奪取劇であり、さらに佐賀の乱は大久保の陰謀なので江藤は無実であると主張して、ジャーナリスティックな注目を浴びた。ただし、学界では数多くの反論があることを付記しておかなければならない。

さらに『江藤新平と明治維新』には興味深い記述がある。井上清『日本の歴史　第二十巻明治維新』（中央公論社）にある「有司専制と民撰議院論」の江藤に対する評価についてである。この中で民撰議院設立を建白した前参議江藤新平が大久保政権への憎しみにかられていたとか、凄まじいばかりの権力欲という趣旨の一節に、「井上博士の説には何一つとして資料の提示がなく、事実をもって説明していない」と論じるのである。

このあとにすぐ毛利敏彦氏が登場する。「しかしそれが前述の毛利博士著の『明治六年政変』には」と江藤への賞賛が綴られる。すなわち、もともとユニークな毛利説に基づいて書かれた本である。それに毛利氏がすぐ飛びついたのは、当然と言えば当然のことなのか。

そこで大久保が江藤源作の顔を見て、ほんとうに馬車の道筋を変えたのかどうか、の点を検討してみたい。『江藤新平と明治維新』では江藤家に伝わる新平の弟源作の話が根拠になっている。それでは源作の話が本当であるかないかの検証が必要になる。このままでは自ら語っているように「何一つとして資料の提示がなく、事実をもって説明していない」からである。

この源作の話には、冒頭から引っかかる点がある。「明治十一年の春、源作は松次郎を東京の学校に入学させるために上京した」の中で、入学準備のために上京した季節が「春」になっている。現在では四月に入学することになっているから、少しもおかしくはないと思うかもしれない。だから、「春」というからには源作が大久保を見たのは三月以前と推測してしまう。

しかし、実は四月入学は学制施行の最初からではない。夏目漱石の『三四郎』にも出てくるように九月入学である。四月入学は明治も中頃になってからのことなのである。それでも九月入学に向けて準備しに上京したのだという、言い訳はできなくもない。

源作が東京に滞在した時期は、あの暗殺グループも上京していた。同じように大久保をウオッチしていた。そして事実として、大久保の赤坂仮御所へ向かう馬車は赤坂見附から紀尾井町のルートをとっていた。これは次のような陸義猶の談話（『史談速記録』）によって証明できる。

或時に長連豪が來て云ふには、誠にどうも至極屈强の場所がある、それは今大久保氏の碑が立つて居りますあすこから先の方へ行くと、ズッと橋があつて橋を踰へて行けば、見附の廣い通りである、あの碑のある所と、見附のある所の間に、丁度細い道がある、其道ハ今でさへ餘人の往來も少い樣でありますから、其時分は誠にハヤ淋しい所であつて、物騷な所であつた。所が外の人は見附を通つて廣い本通りを通つてくる、所が大久保氏ハ永田町の邸を來て本通りへ行かずに、こちらへ來て細い道へ馬車をやつて、今の碑の立つて居るあの場所へ出てくる、是は誠に妙じやと、斯ふ云ふ事を云ふて居りました。

江藤源作が大久保を見たのは明治十一年の「春」だから、鈴木・毛利説はこの時期以降に大久保は馬車の道筋を変えたことになる。そして五月十四日に事件は起こった。事件の直前ともいえる道筋の変更ということだろうか。

ところが、陸義猶の談話は本人の確認ではない。長連豪が大久保の馬車の道筋を確認して報告した話である。『利通暗殺』によると、長連豪は前年の明治十年十一月中旬に上京し、すでに東京にいた陸義猶を訪ねている。その後、陸は翌明治十一年五月上旬に引き上げ、長は犯行に加わった。したがって陸の談話に出てくる大久保の馬車の道筋確認は、最大限をとるとして、明治十年十一月中旬から翌明治十一年五月上旬までの期間である。

さらに絞るなら襲撃犯たちの中心人物島田一郎の上京は同年四月上旬で、それから計画を具体化して細かく大久保の動向を探った。そこで陸の談話にある長の道筋確認となったとみることもできる。一方、鈴木・毛利説では「大久保は、その後登庁の道すじを変えた」根拠とする江藤源作の目撃は明治十一年の「春」としているから、少なくとも四月上旬以前と考えなくてはならない。

これについては当の大久保側に、何らかの裏付けとなるものはあるのだろうか。これが一番肝心な点である。大久保家で三年間にわたって馬丁をつとめた小高芳吉の証言があり、すでに「大久保利通遭難地調査書」を見てきたではないか。あの襲撃された馬車について語るには、これ以上の適任者はいない。

その本人は、やはり馬車の道筋について誰もが持つ疑問を持っていた。それを芳吉は何かの機会に大久保に尋ねたことがあったのだろう。「旦那様ハ、赤坂見付外ハ人通リガアッテ危険デアルシ、清水谷ハ近クモアルト申サレテ、参朝ノ時ハ此處カラ紀尾井坂ヲ登リ、喰違ニ出テ假皇居ヘト云フコトニ決メテ居ラレマシタ」。そういうことなのである。

遭難事件の直前に「道すじを変えた」なら、馬丁は談話に残していただろう。この日に限って大久保が短銃は持っていなかったと悔やみ、あの事件から毎月十四日には墓参りを欠かさなかった小高芳吉である。なぜ清水谷を通るのかについての大久保の答えがあり、赤坂仮御所へ向かうときには「決メテ居ラレマシタ」と、コースの変更などはなかった。

内務卿大久保がこういう馬車の道筋を決めていたことで、思い出すことがある。若き日、大久保は派手なことが好みではなかった。佐々木克監修『大久保利通』に興味深い話が載っている。大久保の妹たちが語る話である。

お小納戸の頭取になると槍持ち一人をつれて登城するのが慣例であったから、公もそのとおりにされた。槍持ちでも伴れて行くのはちょっと派手なもので、始めてお小納戸頭取にでもなった者は、町を威張って通りたがりそうなものだが、大久保公は少しもそんな風はなく、かえって人通りの少ない、細い路を択り択り登城された。

若いときから、大久保はこうだったのである。薩摩藩の慣例だったから槍持ちは連れてはいたが、派手なことは嫌いな大久保は町の通りを避けて、わざわざ人通りの少ない道を選んで登城していた。この槍持ちを馬車に置き換えたら、人通りの多い外堀沿いよりも清水谷を通る道すじに決めていても少しもおかしくはない。明治になっても大久保は大久保であった。

また大久保の次男牧野伸顕は『回顧録』で、これらのことをこう振り返っている。「父を暗殺する企ては以前から何度もあった。幕末時代に京都では幕府側のものに始終付け狙われ、また維新後東京に出て来てからもその身辺については警察が常に心配し、家にいた二、三名の家来も絶えず気遣っていた」。本人は平気だといっても、周囲はそうであっただろう。

肝心のところは「当時太政官は青山にあり、父が霞ヶ関の家から太政官に行くのには永田町を通り、赤坂を降りて、清水谷から紀尾井町を通って行き、この道順は近路ではあるが、人通りの少い、淋しい往来で危険であるから、前から道順を変えるようにと言われていたが、これが一番早道だった関係も恐らくあって、遂に変えられず、しかも十四日の朝に父の家に見知らないものが来て、今日も御出勤ですかと聞いたのをうっかり返事したということであった」。

一言でいうなら鈴木・毛利説はウソである。『江藤新平と明治維新』は江藤の一族として、その無念を晴らすような記述が大久保利通に関して多くみられる。それはそれで江藤家の怨念として許容できなくもない。だが、少なくとも源作の目撃談が法螺話ではなく本当だったとしても、それによって「大久保は、その後登庁の道すじを変えた」と書くのは、史料の裏付けをとらない思い込みであり、ノンフィクションの中に紛れこましたフィクションである。

しかし問題はそのことだけではない。この記述を「私も事実であると直感する」とこれも何ら検証することなく、『図説西郷隆盛と大久保利通』の中でお墨付きを与えた毛利敏彦氏である。歴史学者には直感が大事だと言っても、「事実」に何の検討も加えずにただ「直感」とはあまりに無責任ではないだろうか。その結果、お手軽な歴史本に注釈なしの歴史的事実として、大久保の馬車の道筋変更が描かれる始末である。

こうした毛利氏の手法に疑問を持ったことには副産物がある。それまでは数々の著作を一読者として面白く読んできたが、当然のことながら疑念が生じてきたのである。一事が万事とまでは言わないとしても、歴史の著述に関する手法、姿勢に問題がある。「征韓論は遺韓論である」「佐賀の乱は大久保利通の陰謀だった」など、はたして論拠は確かなのか。

学界には当初から毛利説には数多くの批判があった。それにもかかわらずセンセーショナルな新説にマスコミ報道がされ、そのとき学界の動向が確認されることはまずないようである。このようなマスコミにも問題はある。歴史好きな一般の読者は、まずは学会の論争にまで首を突っ込まないのがふつうだろう。

当の本人は一九九〇年発行の前掲書で自著『明治六年政変の研究』『明治六年政変』について言及して、「政変の真相解明を試み、征韓論政変ではなかったことを論証した。それから一〇年、幸いにも私の説は学界や読書界で支持をいただき、市民権を得たように思われる」とまで書いている。二〇〇四年新装版でも記述に変わりはない。

ここでいう〝市民権〟についていうなら、近年になって江藤新平の地元佐賀や西郷隆盛の鹿児島では、教科書を毛利説に書き換えを求める運動にまでひろがっている。こうなったら史実の解明というより、政治宣伝活動ではないか。

これら毛利説に関する筆者と同じような体験が、小谷野敦『評論家入門』（平凡社）の一八四頁から一九〇頁にわたって綴られており、要領よく問題点がまとめられている。それでも六ページ分はあるのだが、学界をのぞくより、手っとり早いし、かえってよくわかる。

それにしても、ここで見てきたように大久保利通が江藤新平の亡霊を見たかと取り乱し、それから馬車の道すじを変えたという根拠のない記述を「私も事実であると直感する」歴史学者とは、自らの直感を基に都合のいい史料をまぶして著作を仕上げるのだろうか。これまで愛読してきた著作が面白かったのは、小説のような面白さだったのかもしれない。

小説家ならそれらしく何とでも書ける。例えば、この紀尾井町事件で襲われた大久保がどう対応したかということである。凶徒に対して泣き叫んだり、男泣きに泣いたりしたという話が伝わっている。この話は反大久保論者が貶めるために使うエピソードであり、たとえば小説家早乙女貢は大久保の最期を〈紀尾井坂で馬車が引き出されて、「姦物！」と、胸を刺され、泣きわめきながら悶死〉したと書いている（『明治維新の偉人たち　その虚像と実像』）。だが、これをまともに史実として信じる読者はいない。

この話の根拠となるものは何もないが、事件当時から誰かがこんな話を広めて面白がった気持ちはわからなくもない。三宅雪嶺『同時代史　第二巻』は、この噂を文中の注釈として小さな文字で「刺客の一人杉村文一が窃に着物に縫込みて兄に報告して云ふ、「大久保は英傑と聞きしに、今はの場合に狼狽して號泣せるは案外の人物なり」と」と書いている。

しかし、そのあとに「是れ杉村の眼に映ぜる所にして、實は大久保が號泣せず、何事かを語りて聞取れざりし者に屬し、若し聞取れば名言なりしやも測られざれど、從容死に就きしに非ずと察せらる」と、犯人グループ中の最年少である杉村にはそう見えたのであろうと解釈している。それにしても、この結びも不可解である。大久保が「從容死に就きしに非ずと察せらる」とは、あくまでも勝手な推察ではないか。

根拠らしいものに触れているものは、筆者はこれしか知らない。この噂をとり上げて人物評の論拠にするなら、それらしい手紙の真偽を確認すればいいだけの話である。それをせずに勝手に察するのは、何らかの私意があるのであって、歴史上の人物にも風評被害はある。

結局、大久保が馬車の道筋は変えたことはなく、本人が近道だといって決めていたコースであり、謎でも何でもない。それをなぜか「江藤の亡霊」を見て道筋を変更して難に遭った、と言い立てる方がよっぽど謎である。

おわりに

あるときテレビを見ていたら、鹿児島で薩摩独特の示現流を習う少年たちが紹介されていた。指導者は島津さんという人で、この名前から、かつての薩摩藩主の一族だったのかもしれない。いま子どもたちに示現流を習わせることについて尋ねられると、日本が再び大変な時代になったとき、第二の西郷・大久保がこの少年たちの中から出てくることが願いである、と答えたのである。

さすが薩摩、さすが示現流、いや平成の世の中にこんなことを考えている人がいたとは、ほんとうに驚いた。このような精神風土があってこそ、あの明治維新が成り立ち得たのか。この指導者が島津の殿様の家系だとしたら、結果として薩摩藩をつぶした西郷・大久保をまた育てるというのも、何か不思議な感動に襲われたことを思い出す。

かつての薩摩では「西郷には親しむべし、大久保には服すべし」ということが言われていたと聞く。たしかにそうかも知れない。あるいは誰かが「西郷は神様として偉い、大久保は人間として偉い」ともいう。けっこう、それぞれのキャラクターを表している。

この二人の組み合わせは歴史の奇跡のようにも思える。西郷、大久保のひとりひとりをとってみても、それぞれに日本史の十指に挙げてもいい人物である。その両雄は日本史上最強の、いや世界史上といってもいい最強のタッグを組んで歴史を大回転させた。その二人とは近所の幼馴染であり、貧しい中を助けあって育ち、青年期に志を語り、手を携えて活動し、ついには明治維新という革命を成し遂げ、新政府を建設していく。

仮りに日本史における友情というテーマで考えてみるとき、真っ先に挙げてもいいのがこの二人である。もともと兄たり弟たりの精神風土から真の友情という概念が育まれるのは、彼らの時代からではないのか。しかし二人は明治国家建設の過程でケンカ別れし、郷里を破壊する戦乱を起こし、最後は刺し違えのように倒れていく。

そして一方は現代でも「西郷さん」といまなお生きているように親しまれ、もう一方の明治新政府の建設者は尊敬されることはあっても、その人物はどうも敬遠されている。

鹿児島では、現代でも大久保を許さないと息まく人もいる。ついには人間性まで否定するのである。酒席ではあったが、では西郷と大久保は信頼関係で結ばれていて、西郷がそんな人間を、大久保を一番認めていたのは、なぜか、と切り返したことがあった。が、答えはなかった。返ってきたのは沈黙だけだった。

そういうことを言っているから、あれからの鹿児島はダメなんだ、と失礼な追い打ちをかけてしまったような気がする。芋焼酎に酔っていたせいか、覚束ない記憶である。

どうも大久保は調べれば調べるほど、間違いない人物である。この本を書くにあたって史料調べには手間と暇をかけたつもりだが、それでも全部にあたったかと言われれば、自信はないと告白せざるをえない。とても調べきれるものではない。しかしながら、自分で通説も洗いなおして調べた限りでは、大久保は間違いない人物である。

まともな研究者が大久保をとり上げるとき、その業績や存在について相応の評価を与えている。その点、実証的な研究であれば問題はない。しかし解釈となると、目に余る例も少なくはない。解釈のもととなるべき大久保の史料が膨大であるのも一因であり、つまみ食いをして、自分の趣旨に合うように変えてしまう論も散見する。

大久保の〈公〉と〈私〉はもちろん一体なのだが、〈公〉の領域は政治であるから、これは時とともに場を変えて〈友〉と〈敵〉ができる。西郷と大久保は〈公〉の場でずっと〈友〉であったのが、征韓論で〈敵〉となってしまった。しかし、本書で追ってきたように〈私〉では二人は変わらない〈友〉の思いがあった。この歴史の悲劇を描くには、池辺三山ではないが、それこそ大詩人の天分を必要とするだろう。史料だけを追っていても胸に迫るものがある。

そうした大久保の〈私〉について書かれたものは、いくつかある。しかし、大久保は日本史で〈公〉の人間として論じられることが多く、この場合は〈私〉が見落とされてしまう。

大久保は明治政府の指導者として「富国強兵」「殖産興業」の多面的、多角的な仕事をしていた。たとえば、西南の役当時でも戦争をしながら内国勧業博覧会を開いた。それだけではなく、士族授産のために東北では安積疏水構想を進めていたのである。西南の戦争を語るとき、東北の殖産を思わなければ、大久保を理解することはできないだろう。これも〈公〉の場の話なのだが、そうした仕事をする大久保の〈私〉もまた〈公〉を支えていたのである。

日本史上の大立者であるから、大久保は主役であっても脇役であっても、それなりに小説になっている。そこにはそれぞれの作家がつかみとった大久保の人物像が浮かび上がるのだが、やや饒舌ながら司馬遼太郎の作品には惹かれるものがある。多くの読者は『翔ぶが如く』『歳月』で描かれた大久保のイメージがあるにちがいない。

その大久保について、司馬は『対談集　東と西』で、ライシャワー博士とハル夫人を迎えて興味深いやりとりをしており、すこし見てみたい。ハル夫人は松方正義の孫にあたる。

テーマになっているのは日本史における不人気の系譜であり、その例としてライシャワーは「私がいつも不思議でならないのは、なぜ日本の多くの人は、伊藤博文を英雄として認めようとしないのかという点なんです。私の知ってる日本の人は、さっぱり反応を示さない」。そこでハル夫人は「西郷さんは素晴らしいというのに……」と寄り添う。

これに司馬が反応する。「そうなんです。西郷、大久保というと、大久保さんのほうがずっと偉くて大久保さんのおかげでわれわれいまメシを食っているというのに……」。ライシャワーはここでアハハハハと大笑い。

話は続いて、やがて司馬は「義経なんか、どこが偉いのかと思うけれども……。あれは要するに、いまのタレントさんと変わらない本質でしょう。人気というだけのものなんですけど、それを非常に英雄視する」と日本史の人気者を斬る。「反対に頼朝は悪役のようになっている」と座の笑いを誘ったあと、「頼朝の位置に家康がいて、そして大久保利通がいる。そして大久保の直系として伊藤博文がいるんでしょうね」と語る。

書くことと話すこととは、まったく同じではない。話すということは、書くときに文字に押し込め、凝縮させるときの、その前の想念があふれて流れ出るようで、ここでみられるような司馬遼太郎の話はいわば本音に近いものがあるようだ。

〝偉い〟という言葉はいまやほとんど使われない。使うのは幼児が何かできるようになり、「エライ、エライ」とほめるときくらいではないか。しかし大久保を知れば知るほど、この言葉を使わざるを得ない人間であると、司馬が言うことに大いに共感してしまう。

大久保の〈私〉を書き終えて、あれも落ちた、これも落としてしまった、と思い返す。一つは、あの暗殺事件の数十日前の三月末に黒田清隆夫人が泥酔した黒田に殺され、これを大久保がかばったという噂である。松原致遠の新聞連載『大久保公』では、千坂高雅の談話に出てくる。ただし佐々木克監修『大久保利通』によると、『報知新聞』は八日後に「記者の筆記に誤りがあった」という理由で全文の取り消しをしている。

この噂は小説などでまことしやかに描かれ、川路大警視が黒田夫人の墓を掘って遺体の状況を確認させた、などの尾鰭がつく。噂があったのは事実であっても、その噂の真偽は不明のままだった。しかし、この噂を追究した井黒弥太郎『追跡黒田夫人の死』(北海道新聞社)によると、主治医の診断は肺結核による喀血死であり、夫人の墓を暴いた事実もない。

噂の背景に伊藤博文と黒田の対立があったという。この二人はのちに首相となる。初代伊藤、二代黒田である。この事件がほんとうだったら、黒田は総理大臣にはなるはずがない。

こんな風説、風評など大久保は気にしなかっただろう。そんな大久保でもただ一つだけ気にし、自ら弁明していることがある。本書も終わりとなるので、それを聞いてみよう。

「私が薩摩の藩廳に出仕してゐた頃、英國の軍艦がやつて來たので、それを偵察するために倉の屋根に上つて、見てゐる中に、雨上りで瓦に滑つて、轉んだところが、大久保は平生詭激な議論はやかましくするが英の軍艦を見て腰をぬかしたなどゝ評判せられて、大いに迷惑したことがある」(勝田孫彌『甲東逸話』)。これを噂して面白がり、またそれを本人が気にするなど、いかにも薩摩人ではないか。

さて、若いころに大佛次郎『天皇の世紀』を通読して大久保利通の存在が気になり、どんな人物かより知りたいと思ったのが、そもそもの始まりである。その種の本が世に出ることを期待して数十年……。とうとう自分で書くことになってしまった。

漫然と読書の日々を送っていても、思いがけないところで大久保の名前が出てくる。本書はそうしたモザイク細工でもあるのだが、ゆかりの地を歩くことによって暗殺現場の真相に迫ることになった。文献を確認すること、裏付けをとること、現場を踏むこと、現物に当たること、これらは新聞記者時代には当り前のことだった。

いや、これは新聞記者に限らず、学者や研究者も、事実の探究や検証をするには同じことではないか。それによって踏み込むのも、退くのも、躊躇してはならない。
ここで天地に愧じるようでは、大久保利通を書いた意味がない。

主な参考文献

日本史籍協会編『大久保利通日記』一、二　東京大学出版会、昭和五八年
日本史籍協会編『大久保利通文書』全十巻　東京大学出版会、昭和五八年
西郷隆盛全集編集委員会編『西郷隆盛全集』全六巻　大和書房、昭和五一—五五年
勝田孫彌『大久保利通傳』上・中・下　同文館、大正十年
勝田孫彌『甲東逸話』冨山房、昭和三年
牧野伸顕『回顧録』上・下　中央公論社、昭和五二—五三年
松原致遠編『大久保利通』新潮社、明治四五年
佐々木克監修『大久保利通』講談社、二〇〇四年
徳富猪一郎『大久保甲東先生』民友社、昭和二年
池辺吉太郎『明治維新三大政治家　大久保・岩倉・伊藤論』中央公論社、昭和五十年

大佛次郎『天皇の世紀』全十二巻　文藝春秋、二〇一〇年
佐々木克『大久保利通と明治維新』吉川弘文館、一九九八年
佐々木克『志士と官僚　明治を「創業」した人びと』講談社、二〇〇〇年
佐々木克『大久保利通　明治維新と志の政治家』山川出版社、二〇〇九年
芳即正・毛利敏彦『図説西郷隆盛と大久保利通』河出書房新社、一九九〇年
高橋秀直「征韓論政変の政治過程」『史林』七十六巻第五号　史学研究会、一九九三年
勝田政治『〈政事家〉大久保利通　近代日本の設計者』講談社、二〇〇三年
笠原英彦『大久保利通』吉川弘文館、二〇〇五年
神奈川県立博物館編『明治の宮廷画家――五姓田義松』神奈川県文化協会、昭和六一年
明治維新史学会編『明治維新の新視角』高城書房、二〇〇一年
清沢洌『外政家としての大久保利通』中央公論社、一九九三年
明治文化研究会『明治文化全集　第四巻　新聞篇』日本評論社、昭和三年（昭和四四年第三版）
立岩寧『大久保利通と安積開拓　開拓者の群像』青史出版、二〇〇四年
石川九楊編『書の宇宙　二四』二玄社、二〇〇〇年
東郷尚武『海江田信義の幕末維新』文藝春秋、平成一一年

主な参考文献

日本史籍協会編『維新前後實歴史傳』全三巻　東京大学出版会、昭和五五年

萩原延壽『遠い崖　アーネスト・サトウ日記抄』第十三巻　朝日新聞出版、二〇〇八年

小川原正道『西南戦争　西郷隆盛と日本最後の内戦』中央公論社、二〇〇七年

伊藤之雄『伊藤博文　近代日本を創った男』講談社、二〇〇九年

横田庄一郎『西郷隆盛惜別譜』朔北社、二〇〇四年

片山純一「馬車は倉敷へ」『高梁川』六十四号、高梁川流域連盟、平成十八年

遠矢浩規『利通暗殺　紀尾井町事件の基礎的研究』行人社、昭和六十一年

堀口修監修『明治天皇紀談話記録集成：臨時帝室編修局史料 第九巻』ゆまに書房、二〇〇三年

石川県立歴史博物館『紀尾井町事件　武士の近代と地域社会』同博物館、平成十一年

横田庄一郎（よこた しょういちろう）

1947年生まれ。評論家。元朝日新聞記者。早稲田大学大学院政治学研究科修士課程修了。足を使った綿密な取材で歴史や音楽の分野で知られざる史実を掘り起こし、興味深いルポルタージュを書いてきた。
著書に『「草枕」変奏曲　夏目漱石とグレン・グールド』、『漱石とグールド　8人の「草枕」協奏曲』、『キリシタンと西洋音楽』、『フルトヴェングラー幻の東京公演』、『第九「初めて」物語』、『西郷隆盛惜別譜』、『おわらの恋風　胡弓の謎を追って』、『富永仲基の「楽律考」儒教と音楽について』、（以上　朔北社刊）、『チェロと宮沢賢治　ゴーシュ余聞』（音楽の友社）、『タクトと絵筆　指揮者石丸寛最後の対話』（芸術現代社）などがある。

大久保利通の肖像　その生と死をめぐって

二〇一二年九月五日　第一刷発行©

著　者　横田庄一郎
発行者　宮本　功
発行所　株式会社　朔北社
〒一〇一―〇〇六五
東京都千代田区西神田二―四―一　東方学会本館
ＴＥＬ　〇三―三二六三―〇一二二
ＦＡＸ　〇三―三二六三―〇一五六
振替〇〇一四〇―四―五六七三一六
http://www.sakuhokusha.co.jp

装　丁　宮森庸輔
印刷・製本　株式会社　精興社
落丁・乱丁本はお取りかえします。
ISBN978-4-86085-101-9　C0023　Printed in Japan

‡ 横田庄一郎著〈朔北社の本〉 ‡

「草枕」変奏曲　夏目漱石とグレン・グールド

漱石が自らの芸術に対する信念を披瀝した小説「草枕」を、グールドは15年にわたり愛読していた。彼の死後、ベットのそばから「聖書」とびっしり書き込みをした「草枕」が見つかったという。本書では、著者独自の取材によるこれまで日本に紹介されていない事実を含めた新たなグールド論を展開する。

〈四六判・上製・268頁　定価1995円（本体1900円）　ISBN978-4-931284-38-8〉

漱石とグールド　8人の草枕協奏曲

『「草枕」変奏曲　夏目漱石とグレン・グールド』で取り上げた驚くべき事実を、多方面で活躍する8人の執筆者が、それぞれユニークな視点から分析し、個性的に論じる。時空を超えて共鳴するグールドの芸術観、人生観とは？グールドファンのみならず、漱石ファン必読の書!!

横田庄一郎編【執筆】アラン・ターニー／サダコ・グエン／ジョーン・ヘブ／石田一志／相澤昭八郎／河村満／長谷川勝彦／樋口覚

〈四六判・上製・297頁　定価2100円（本体2000円）　ISBN978-4-931284-45-6〉

キリシタンと西洋音楽　【2000年度ミュージック・ペンクラブ賞「最優秀著作出版物賞」受賞】

大航海時代という世界史的な背景、日本史では戦国時代から国内統一に向かう激動の歴史にヨーロッパの文明が絡んでいるキリシタンの時代。その後の日本の文化に重大な影響を与えつつも十分な研究がなされているとは言えないこの時代を描くことで、音楽とは何かを考える。

〈四六判・上製・472頁　定価2520円（本体2400円）　ISBN978-4-931284-60-9〉

フルトヴェングラー幻の東京公演

1939年夏、20世紀最大の指揮者フルトヴェングラーとベルリン・フィルの幻の訪日計画があった。一枚の写真があきらかにした不世出の大指揮者と日本の関係とは？当時の緊迫した国際情勢を背景に、わずかな手がかりから埋もれた事実が明らかにされていく。

〈四六判・上製・349頁　定価2310円（本体2200円）　ISBN978-4-931284-81-4〉

第九「初めて」物語

ベートーヴェンの第九交響曲が、日本で「初めて」演奏されたのは、どこで、誰によるものだったか？第一次世界大戦で日本軍の捕虜になったドイツ人が各地の収容所で「第九」初演の歴史を刻む。第九交響曲の日本初演をめぐるノンフィクション。

〈四六判・上製・300頁　定価2730円（本体2600円）　ISBN978-4-931284-91-3〉

おわらの恋風　胡弓の謎を追って

風の盆、おわら節は胡弓。その音色に惹かれて、謎を訪ねる旅は始まった…。みなもとは、遠く時空を超えて、戦国時代の琉球、日本から、中国、中世ヨーロッパにたどりつく。楽器からみる東西文化交流使。

〈四六判・上製・270頁　定価1995円（本体1900円）　ISBN978-4-86085-071-5〉

富永仲基の「楽律考」　儒教と音楽について

江戸期にすでに近代合理的思想を先取りしていた天才・富永仲基が、古代中国以来わが国の我楽まで楽律の変遷を度量衡との関わりから研究・考証し、今日まで通じる自由な音楽論を展開した「楽律考」。本書は、現代語訳に丁寧な注釈・解説を加え、音楽と政治・儒教との関わりも概観した貴重な書である。

横田庄一郎編著・印藤和寛訳・解題

〈四六判・上製・331頁　定価2940円（本体2800円）　ISBN978-4-86085-039-5〉

西郷隆盛惜別譜

明治10年9月23日夜、城山に立てこもる西郷隆盛に対し、官軍軍楽隊は惜別の曲を演奏した。日本国内最後の武力衝突である西南戦争で、幕末明治維新の二人の大立物西郷と大久保は最後の戦いに臨む。

〈四六判・上製・211頁　定価1995円（本体1900円）　ISBN978-4-86085-015-9〉